Holzschnitzen
für Kinder

Everett Ellenwood

Leopold Stocker Verlag
Graz – Stuttgart

Umschlaggestaltung: DSR Werbeagentur Rypka GmbH, 8143 Dobl/Graz, www.rypka.at
Umschlagabb. Vorder- und Rückseite/Abb. Innenteil: © Fox Chapel Publishing Company, Inc.;
S. 19 oben rechts, S. 26 oben, S. 27 unten, S. 28 unten: Archiv des Verlages.

Ein besonderer Dank geht an die Firma Kaspar Harnisch GmbH in Graz für deren freundliche
Unterstützung beim Zustandekommen dieses Buches.

Titel der englischsprachigen Originalausgabe: Everett Ellenwood: Woodcarving. Copyright © 2008 by
Fox Chapel Publishing Company, Inc.

Aus dem Amerikanischen ins Deutsche übertragen von Dr. Johannes Scherling und Dr. Claudia Tancsits.

Der Inhalt dieses Buches wurde durch den Autor und vom Verlag nach bestem Gewissen geprüft, eine Garantie
kann jedoch nicht übernommen werden. Die juristische Haftung ist ausgeschlossen.

Bibliografische Information der Deutschen Nationalbibliothek
Die Deutsche Nationalbibliothek verzeichnet diese Publikation in der Deutschen Nationalbibliografie;
detaillierte bibliografische Daten sind im Internet unter http://dnb.d-nb.de abrufbar.

Hinweis: Dieses Buch wurde auf chlorfrei gebleichtem Papier gedruckt. Die zum Schutz vor Verschmutzung
verwendete Einschweißfolie ist aus Polyethylen chlor- und schwefelfrei hergestellt. Diese umweltfreundliche
Folie verhält sich grundwasserneutral, ist voll recyclingfähig und verbrennt in Müllverbrennungsanlagen völlig
ungiftig.

Auf Wunsch senden wir Ihnen gerne kostenlos unser Verlagsverzeichnis zu:
Leopold Stocker Verlag GmbH
Hofgasse 5 / Postfach 438
A-8011 Graz
Tel.: +43 (0)316/82 16 36
Fax: +43 (0)316/83 56 12
E-Mail: stocker-verlag@stocker-verlag.com
www.stocker-verlag.com

ISBN 978-3-7020-1373-8

Layout: DSR Werbeagentur Rypka GmbH, 8143 Dobl/Graz
Druck: Gorenjski tisk, Kranj – Slowenien

Inhalt

Was man alles schnitzen kann

Pfeilspitze
Seite 100

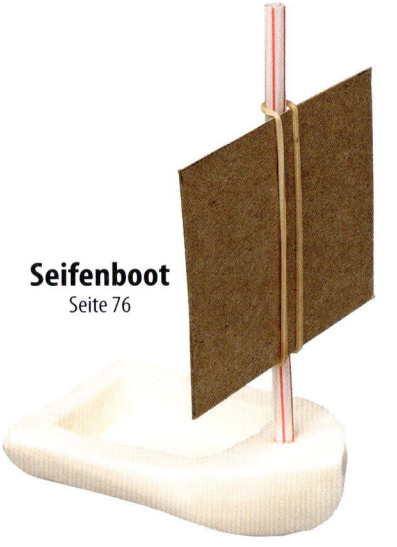

Seifenboot
Seite 76

Schneemannfigur
Seite 84

Namenstafel
Seite 106

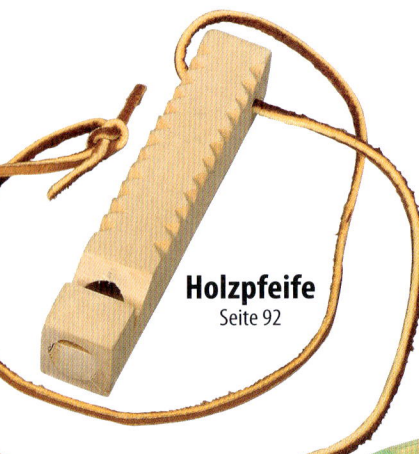

Holzpfeife
Seite 92

Frosch
Seite 120

Adlerkopf
Seite 114

Das hier brauchst du dazu

Messer

Holz

Schleifpapier

Über dieses Buch

Holzschnitzen ist ein Hobby, das viel Freude bereitet und das man sein ganzes Leben hindurch betreiben kann. Jeder kann Schnitzen lernen. Alles was man dazu braucht, sind scharfe Werkzeuge, ein Stück Holz und viel Fantasie.

Solange es Holz und Menschen gibt, so lange gibt es das Holzschnitzen. Jedes Land dieser Erde hat seine eigene Geschichte des Holzschnitzens. Aller Wahrscheinlichkeit nach führten bereits Höhlenmenschen erste Schnitzarbeiten aus. Dabei verwendeten sie scharfe Steine, um Holzwerkzeuge zum Graben und Speere zum Jagen herzustellen.

Menschen wollten schon immer Gegenstände aus Holz machen und diese verzieren. Dieses Buch zeigt dir, wie auch du Spaß daran haben kannst, Gegenstände aus Holz herzustellen.

Bevor du die Projekte in diesem Buch angehst, informiere dich zuerst darüber, welche Holzarten du verwenden solltest (Kapitel 1); informiere dich weiter über das Zubehör, das du griffbereit haben solltest (Kapitel 2), und die Werkzeuge, die du haben solltest. Du solltest auch wissen, wie diese Werkzeuge sicher verwendet werden (Kapitel 3). Die sieben Holzschnitzprojekte in diesem Buch (Kapitel 4) sind nach ihrem Schwierigkeitsgrad von einfach bis schwierig gestaffelt. Führe sie der Reihe nach durch, damit du neue Holzschnitztechniken lernen und dann auf deinen erworbenen Fertigkeiten aufbauen kannst.

Jedes Projekt enthält alle Informationen, die du benötigst, um ein Werkstück erfolgreich fertig zu stellen:

■ eine Liste der Werkzeuge zeigt dir mit Bildern, was du brauchst.

■ Auflistungen von Material und Zubehör unterstützen dich bei der Suche nach denjenigen Materialien, die du verwenden wirst.

■ Auflistungen von Fertigkeiten zeigen dir, welche Techniken du auffrischen solltest.

■ Schritt-für-Schritt-Instruktionen in Form von Fotos zeigen dir, wie du das Projekt erfolgreich vollenden kannst.

Mithilfe dieses Buches wirst du lernen, Muster zu übertragen, zu messen und zu markieren, Löcher zu bohren, Holz zu schleifen und nachzubearbeiten sowie deine Werkzeuge zu schärfen und zu pflegen. Außerdem wirst du am Ende eine Reihe von originellen Werkstücken in Händen halten, die du anderen mit Stolz zeigen kannst.

Folge den Anweisungen in diesem Buch und du wirst sehen, wie viel Vergnügen es bereitet, aus Holz eigene Kunstwerke zu schnitzen.

Hinweis für Erwachsene

Dieses Buch wurde geschrieben, um junge Menschen dabei zu unterstützen, Holzschnitzen zu erlernen. Es bietet Übungen und Projekte, die Fertigkeiten aufbauen und es Kindern ermöglichen, Gegenstände herzustellen, auf die sie stolz sein können.

Das Seifenschnitzprojekt auf Seite 76 eignet sich, die Reife und Geschicklichkeit eines Kindes zu überprüfen. Bei der Herstellung des Seifenbootes lernen junge Holzschnitzer, wie man ein Projekt anlegt und wie man verschiedene einfache Werkzeuge sicher verwendet. An der Handhabung der Werkzeuge beim Seifenschnitzen kann man gut ablesen, wie Kinder mit scharfem Werkzeug umgehen würden. Wenn Sie überzeugt davon sind, dass Ihr Kind konzentriert bleibt und scharfe Werkzeuge unter Ihrer Aufsicht sicher verwenden kann, dann kann es danach mit dem Schnitzen einiger einfacher Holzprojekte weitermachen.

Auch wenn in diesem Buch von vielen verschiedenen Werkzeugen und Möglichkeiten die Rede ist, die das Schnitzen leichter machen können, benötigt jedes Projekt dennoch nur einige wenige einfache Werkzeuge. In den Kapiteln über Zubehör und Werkzeuge (Kap. 2 und 3) finden sich Praxisübungen; die nötigen Fertigkeiten werden durch das gesamte Buch hindurch angewendet. Dank dieses Aufbaus können Kinder mit einem Projekt fortfahren, wenn sie die nötigen Fertigkeiten bereits erlernt haben, oder aber auch die Fertigkeiten mithilfe der Praxisübungen nochmals auffrischen, wenn das notwendig sein sollte.

Ich empfehle Schnitzen nur für Kinder, die älter als zehn Jahre alt sind – es sei denn, ein jüngeres Kind zeigt bereits große Reife und Geschicklichkeit. Beim Holzschnitzen werden rasiermesserscharfe Werkzeuge verwendet, was gefährlich sein kann, wenn man nicht aufpasst.

Ich empfehle, dass immer ein Erwachsener zugegen ist, wenn Kinder schnitzen, um sicherzustellen, dass sie die Sicherheitsvorkehrungen einhalten und die Werkzeuge richtig verwenden.

Wenn man es richtig macht, dann kann Holzschnitzen eine ungefährliche und lohnende Erfahrung sein. Geben Sie Ihren Kindern die Möglichkeit, die Freude am Arbeiten mit Holz zu entdecken. Und wer weiß – vielleicht wollen Sie ja auch gleich mittun.

KAPITEL 1

Alles was du über Holz wissen musst

Du weißt vermutlich bereits, dass Bäume Holz zum Hausbau liefern und Früchte als Nahrung. Sie sind die ältesten und größten aller lebenden Pflanzen. Mithilfe von Bäumen wird die Erosion in Schach gehalten, sie bieten Schutz und Nahrung für die Tierwelt, und sie verschönern die Welt mit ihren verschiedenen Farben und Formen.

Die verschiedenen Baumarten um uns herum liefern eine Vielfalt an Holz, das zum Schnitzen geeignet ist. Sehen wir uns also dieses Material, mit dem du schnitzen wirst, einmal etwas genauer an. Du solltest so viel wie möglich über Holz lernen, bevor du loslegst, denn je mehr du über Holz weißt, desto effektiver wirst du es verwenden können.

Ein Laubbaum

Nadelbäume

Hartholz oder Weichholz

Holz wird in zwei Kategorien unterteilt: Harthölzer und Weichhölzer. Hartholz ist durch einen großen Anteil an Fasern und seine enge Gefäßstruktur in der Beschaffenheit festes und schweres Holz und daher schwieriger zu bearbeiten. Hartholz stammt meist von Laubbäumen wie Eiche, Buche oder Esche. Diese Bäume haben Blätter, die im Herbst abgeworfen werden. Das Holz von Nadelbäumen ist meist weicher. Diese Bäume haben Nadeln wie jene der Kiefer, die nicht abgeworfen werden. Es gibt aber auch Laubbaumarten mit weichem Holz. Dazu gehören Weide, Pappel oder Linde.

Egal ob Hart- oder Weichholz, einzig das Gewicht eines trockenen Holzstückes bestimmt, wie leicht oder schwer ein Holz zu schnitzen ist. Je mehr ein Stück Holz wiegt, umso schwerer ist es zu schnitzen. Das Gewicht des Holzes steht also in einem direkten Verhältnis zu dessen Härte.

Aufbau eines Baumes

Egal für welche Holzart du dich entscheidest, entscheidend für die Vorgehensweise beim Schnitzen ist die Art und Weise, wie ein Baum gewachsen ist. Jeder Baum besteht aus drei Teilen: den Wurzeln, dem Stamm und der Krone.

Die Wurzeln wachsen ins Erdreich hinein und halten den Baum aufrecht. Außerdem nehmen sie Wasser und Mineralien aus dem Boden auf und transportieren diese zum Stamm, in die Äste und Zweige und deren Spitzen sowie in die Blätter. Die Wurzeln eignen sich üblicherweise nicht zum Schnitzen, weil sie Schmutz beinhalten, der die Schnitzwerkzeuge schnell stumpf werden lässt. Zudem sind viele Wurzeln gewunden, was es noch zusätzlich schwierig macht, mit ihnen zu schnitzen.

Der Stamm ist jener Teil des Baumes, der keine Äste hat. Er verbindet die Wurzeln mit der Baumkrone und transportiert Nahrung in die Wurzeln sowie Nahrung und Wasser innerhalb des Stammes und in die Baumkrone hinauf. Holz aus dem Stamm ist gut geeignet zum Schnitzen, da es nicht dazu neigt, zu brechen oder sich zu spalten.

Die Äste, Zweige, Zweigspitzen und Blätter formen die Baumkrone. Dicht belaubte Zweige sind oftmals Lebensraum für Tiere, schützen vor Sonne und Regen und sind in allen Jahreszeiten schön anzusehen. Nahrung für den Baum, Pflanzensaft genannt, wird in den Blättern durch den Vorgang der Photosynthese produziert. Äste, Zweige und Zweigspitzen sind allesamt gut geeignet zum Holzschnitzen. Sogar kleine Zweigspitzen können ein hervorragendes Material für Schnitzprojekte sein.

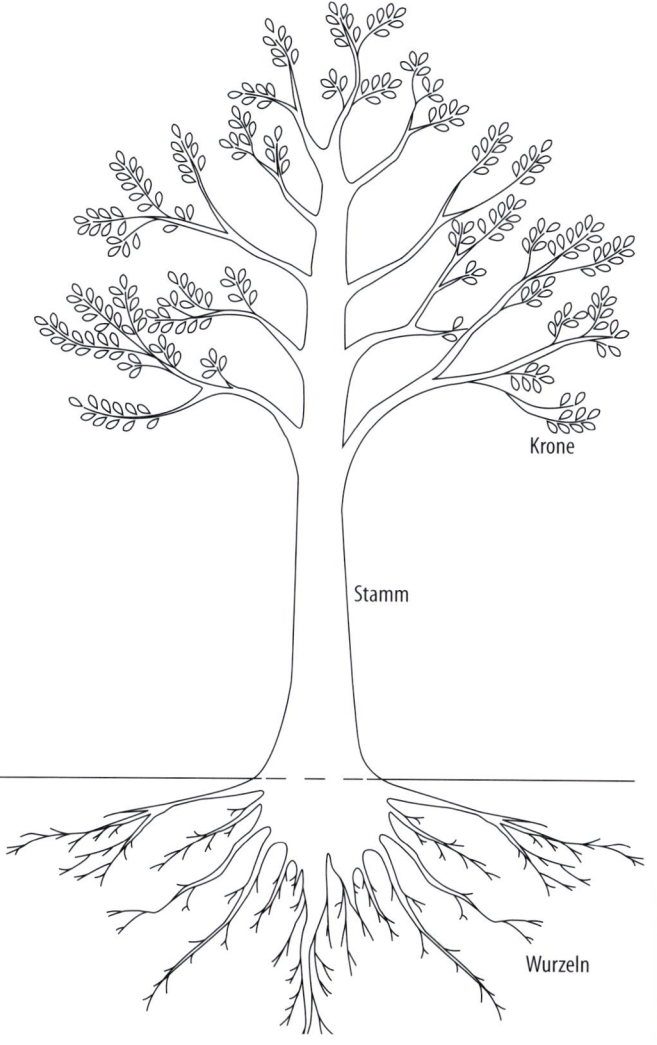

Krone

Stamm

Wurzeln

Haben alle Bäume Pflanzensaft?

Möglicherweise weißt du ja schon, dass bestimmte Bäume Pflanzensaft produzieren, weil wir ihren Saft häufig verwenden. Ahornbäume etwa produzieren einen Saft, den wir zur Herstellung von Ahornsirup verwenden, und Birken liefern einen Saft, der zur Herstellung von „Birkenbier" verwendet wird, ein spritziges Getränk, das dem „Root-Bier" (einer Limonade aus Kräuter- und Wurzelextrakten) sehr ähnlich ist. Und wenn du jemals eine Kiefer verpflanzt oder beim Pflanzen geholfen hast, dann hast du danach wahrscheinlich klebrigen Saft auf deinen Händen oder auf deiner Kleidung gehabt. Auch wenn wir ihn nicht immer sehen können, so haben doch alle Bäume Pflanzensaft. Es ist jene Nahrung, die durch Photosynthese in den Blättern produziert und durch den ganzen Baum transportiert wird.

Im Inneren eines Baumes

Wenn wir einen Schnitt durch einen Baum machen und uns das Innere ansehen würden, sähe das Ergebnis etwa so aus wie in dem Bild rechts unten.

Das Mark, also der Ring im Zentrum des Baumes, zeigt den Anfangspunkt des Wachstums eines Baumes an. Es ist normalerweise weicher und dunkler als der Rest des Holzes, also solltest du es besser nicht zum Schnitzen verwenden.

Die Ringe außerhalb des Marks sind die üblichen Jahresringe. Man nennt sie manchmal auch Wachstumsringe. Ein Baum bildet einen Ring pro Jahr, also kann man durch das Zählen der Ringe das Alter des Baumes errechnen. Die Jahresringe ziehen sich bis hinein in die Kambiumschicht.

Jeder Jahresring besteht aus einer Lage Frühholz und einer Lage Spätholz. Frühholz wächst im Frühling und ist üblicherweise hellfarbig. Spätholz wächst im Spätsommer und ist normalerweise dunkler als Frühholz. Gemeinsam bewirken Früh- und Spätholz jene schönen Muster, die wir im Holz bewundern, und die man Holzfaser nennt.

Wenn der Baum wächst, wird der Stamm schließlich nicht mehr in seiner Gesamtheit zum Transport von Wasser und Nahrung zu den Blättern benötigt. Zu diesem Zeitpunkt füllen sich dann die zentralen Gefäße des Baumes mit Mineralien und Extrakten und werden so zum Kernholz des Baumes. Das Kernholz ist nicht mehr lebendiges Holz, gibt aber dem Baum ein größeres Maß an Stärke. Die Mineralien und Extrakte, die die Gefäße füllen, machen das Kernholz bei einigen Baumarten dunkler. Der Teil des Stammes, der noch Wasser und Nahrung transportiert, wird Splintholz genannt. Bei einigen Arten, wie zum Beispiel Butternuss, Kirsch und Walnuss, wird üblicherweise nur das Kernholz geschnitzt.

Das Kambium ist die Schicht zwischen Holz und Baumrinde, wo die Zellen sich teilen und das Wachstum des Baumes stattfindet. Wenn sich die Zellen im Kambium teilen, werden einige zu Holz, während andere zu Rinde werden.

Auf der Außenseite des Baumes befindet sich die Rinde, die die Haut eines Baumes darstellt. Rinde besteht aus lebenden und toten Zellen. Die lebenden Zellen befinden sich auf der Holzseite, die toten Zellen dagegen auf der Außenseite der Rinde. Die Rinde schützt das Holz vor Schäden durch Wetter, Vögel und Insekten.

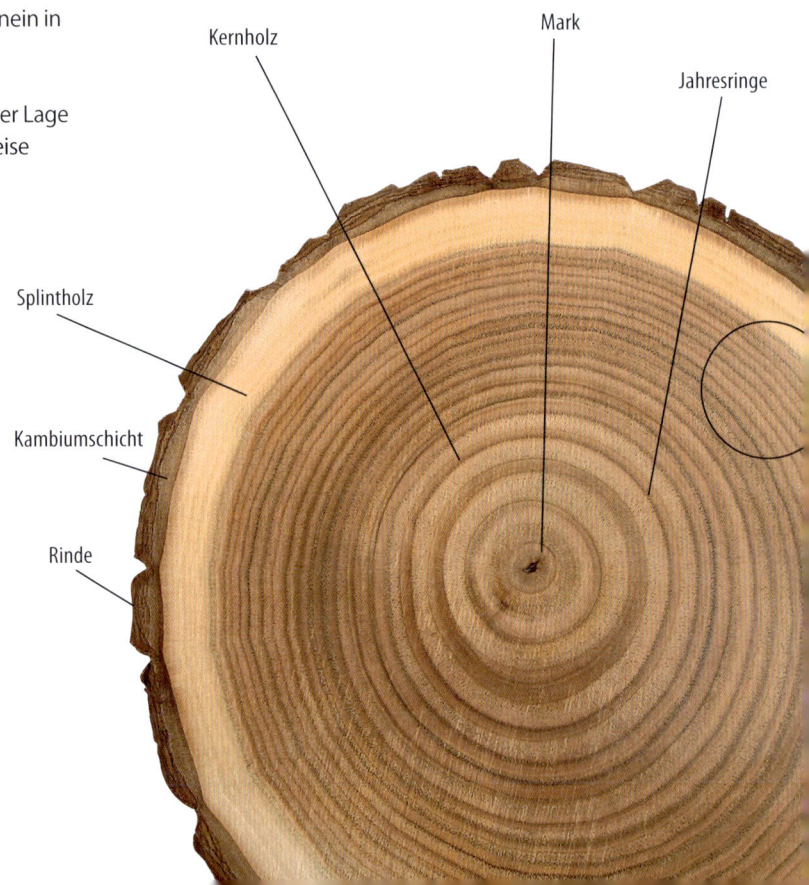

Kernholz

Mark

Jahresringe

Splintholz

Kambiumschicht

Rinde

Wie alt ist dieser Baum?

Wenn ein Baum gefällt wird, kann man anhand der Jahresringe am Baumstumpf dessen Alter herausfinden. Beginne dabei in der Mitte und zähle nach außen. Breite Ringe zeigen Jahre guten Wachstums an, schmale Ringe dagegen lassen auf mäßiges Wachstum schließen, möglicherweise durch schlechtes Wetter oder aufgrund von Insekteneinwirkung.

Bäume sind die am längsten lebenden Organismen auf der Welt. Viele Bäume können bis zu 200 Jahre alt werden. Die höchsten Bäume der Welt sind die Mammutbäume in Kalifornien, von denen einige älter als 1000 Jahre sind. Die ältesten Bäume sind knorrige Borstenkiefern, die hoch oben in den Rocky Mountains wachsen. Einige davon sind 4500 Jahre alt. Einige Bäume in Australien haben Wurzelsysteme, die größer als ein Morgen Land (ca. 4000 m²) sind.

Einer der höchsten Bäume der Welt ist der so genannte „General Sherman", ein Mammutbaum in Kalifornien. Der Baum ist ca. 84 Meter hoch und hat einen Stammumfang von rund 8 Metern.

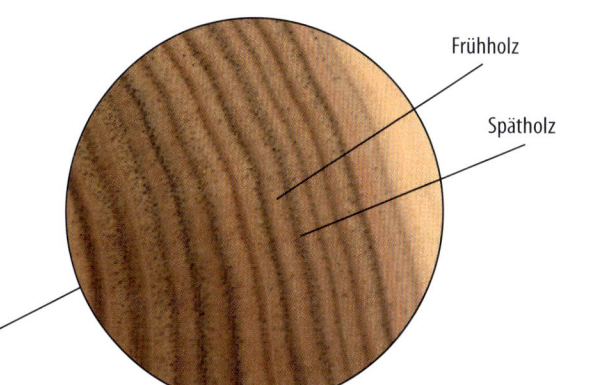

Frühholz

Spätholz

Ein Astloch ist eine Art Unvollkommenheit innerhalb eines Baumes, wo einst ein Ast vom Baum abgebrochen ist. Durch das Wachstum des Baumes wurde der Platz, wo der Ast war, überwuchert und so blieb ein Astloch zurück. Astlöcher sind normalerweise sehr hart und daher schwierig zu schnitzen. Wenn du zum ersten Mal schnitzt, solltest du Holz mit Astlöchern meiden.

Man findet auch noch andere Unvollkommenheiten in einem Baum, die z. B. durch Waldbrände oder Vögel und Insekten, die durch die Rinde gedrungen sind, entstanden sind. Mit dem Wachstum des Baumes wandern diese beschädigten Bereiche in das Innere des Baumes. Bearbeite kein Holz, das solche beschädigten Bereiche enthält, denn es mindert den Gesamteindruck deiner fertiggestellten Schnitzarbeit.

Beschädigte Stelle

Astloch

Gefäße und Holzfasern

Wenn wir uns einen Querschnitt eines Baumes unter dem Mikroskop ansehen würden, würde es so aussehen, als ob wir ein Bündel Strohhalme vor uns hätten. Diese „Strohhalme" oder Gefäße erstrecken sich von den Wurzeln bis zu den Blättern und transportieren Wasser und Nahrung durch den ganzen Baum. Die Gefäße bestehen aus Fasern, die deren Wände so wie die Wände eines Strohhalms stabil machen.

Um mit Holzfasern zu arbeiten, ist es wichtig, die mikroskopischen Gefäße und die Jahresringe zu verstehen. Die Holzfasern beschreiben die Anordnung der Gefäße im Holz. Gerade Fasern, gedrehte Fasern, grobe Fasern und feine Fasern beziehen sich alle auf das, was wir sehen, wenn wir ein Stück Holz betrachten. Die Gefäße in Frühholz sind größer als die in Spätholz und diese Größenunterschiede tragen zum Fasermuster des Holzes bei.

Der hervorgehobene Bereich zeigt, wie die Gefäße im Baumstamm verlaufen.

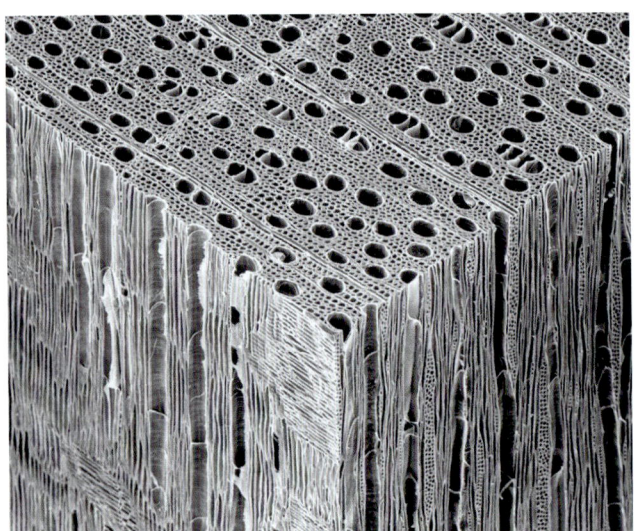

Unter einem leistungsstarken Mikroskop sehen die Gefäße eines Baumes wie ein Haufen Strohhalme aus. (Abb. mit freundlicher Genehmigung des N. C. Brown Center for Ultrastructure Studies, SUNY-College of Environmental Science & Forestry, Syracuse, N. Y.)

Für Holzschnitzer sind Holzfasern sehr wichtig, um zu wissen, wie Holz am besten bearbeitet wird. Solches Wissen ist wichtig für jeden Schnitt, den man tut. Wenn zum Beispiel ein Messer zwischen die Gefäße dringt, dann werden die Fasern, die als Gefäße dienen, auseinandergerissen und das Holz wird sich spalten. So etwas kann dazu führen, dass du schnell die Kontrolle über einen Schnitt verlierst und somit deine ganze Schnitzarbeit verdorben wird. Stelle daher sicher, dass dein Messer oder dein Hohlmeißel (oder Hohlbeitel) immer quer durch die Fasern schneidet, nicht zwischen ihnen durch. Du wirst darüber noch mehr lernen, wenn du Übungen mit deinen Werkzeugen (siehe Kapitel 3) durchführst.

Hier einige geläufige Begriffe, die Holzschnitzer verwenden, wenn sie mit Holzfasern arbeiten:

Quer über die Faser: Im rechten Winkel zu den Holzfasern schneiden.

Mit den Fasern: Parallel zu den Holzfasern schneiden.

Gegen die Fasern: In einem Winkel zu den Holzfasern schneiden.

In die Fasern: Zwischen den Fasern schneiden.

Mit den Fasern spalten: Spalten des Holzes entlang der Fasern.

Dieses Stück Holz ist gerade-faserig; die Faserlinien ziehen sich über die ganze Länge des Brettes hin.

Wenn ein Messer zwischen den Fasern eindringt, anstatt quer durch diese zu schneiden, führt das oft dazu, dass der Schnitt sich verselbständigt und das Holz aufsplittert, was deine Schnitzarbeit leicht verderben kann.

Die besten Hölzer zum Schnitzen

Es gibt mehr als 50.000 verschiedene Baumarten auf der Welt. Du kannst jede Art von Holz schnitzen, aber zwei Holzarten, die leichter zu schnitzen sind, sind Linde und Butternuss.

Linde ist aufgrund seiner feinen, gleichmäßigen Struktur eine der beliebtesten Holzarten bei Holzschnitzern. Es lässt sich sehr leicht schnitzen und sein Kern- und Splintholz unterscheiden sich kaum in der Farbe.

Butternuss ist ein weiteres Holz, das sich gut zum Schnitzen eignet. Es hat in etwa die gleiche Struktur wie Lindenholz, aber sein Kernholz hat ein schönes Fasermuster und eine schöne Farbe. Holzschnitzer, die mit Butternuss arbeiten, bemalen ihre Schnitzarbeit üblicherweise nicht. Stattdessen tragen sie eine klare Politur auf, damit das Fasermuster der fertigen Schnitzarbeit besser zur Geltung kommt.

Kirsche, Mahagoni, Eiche und Walnuss sind ebenfalls schöne Hölzer, aber schwieriger zu schnitzen. Ich empfehle nicht, eines dieser Hölzer zu schnitzen, bis man nicht schon einiges an Erfahrung im Schnitzen besitzt.

Zusätzlich zu den Hölzern, die auf Seite 8 genannt wurden, schnitzen viele Leute auch Holz, das sie gefunden haben.

Linde

Butternuss

Kniewurzeln, einzigartiges Holz, das in Sümpfen gefunden wird, inspirieren den Holzschnitzer Carole Jean Boyd aus Alabama (aus dem Buch Carving Found Wood von Vic Hood und Jack A. Williams, 2002, Fox Chapel Publishing, Inc.).

Der Künstler Jim Wright aus Tennessee schnitzt aus Treibholz und meint, dass die Form des Holzes oft schon das Ergebnis des Schnitzens andeutet (aus dem Buch Carving Found Wood von Vic Hood und Jack A. Williams, 2002, Fox Chapel Publishing, Inc.).

Gefundenes Holz ist jede Art von Holz in seinem natürlichen, unveränderten Zustand. Dies kann z. B. Rinde von toten oder sterbenden Pappeln sein, Kniewurzel, Astlöcher, verwittertes Holz oder Treibholz. Für ein erstes Schnitzprojekt sind derartige Hölzer nicht zu empfehlen, da sie schwieriger zu schnitzen sind als Bretter oder andere Stücke, die von einem Baum abgesägt wurden. Wenn du dann einiges an Erfahrung gesammelt hast, kann Fundholz allerdings eine Inspirationsquelle zum Holzschnitzen sein.

Holz auswählen

Nachdem du nun einiges über den Aufbau von Holz gelesen und einige der üblichen Holzarten zum Schnitzen kennengelernt hast, weißt du alles, was du brauchst, um ein Stück Holz für dein Projekt auszuwählen. Egal für welche Holzart du dich entscheidest, achte auf die folgenden Kriterien:

Faserung. Sind die Fasern gerade oder ungerade? Verwende geradfaseriges Holz.

Mark. Ist Mark im Holz enthalten? Vermeide Holz, das Mark enthält.

Unvollkommenheiten. Ist das Holz irgendwie verformt? Hat es irgendwelche Makel? Gibt es Risse, Spalten oder Astlöcher? Verwende kein Holz mit Verformungen, Makeln, Rissen, Spalten oder Astlöchern in dem Bereich, den du schnitzen möchtest.

Trocknung. Egal welches Holz du verwendest, es sollte auf jeden Fall trocken sein, zumindest aber sollte das meiste Wasser daraus entzogen worden sein. Siehe „Was ist Trocknung?" im Textfeld unten rechts für mehr Informationen.

Verwende geradfaseriges Holz, da es leichter zu schnitzen ist, als Holz mit ungerader Faserung.

Verwende kein gespaltenes Holz zum Schnitzen.

Was ist Trocknung?

Trocknung nennt man den Prozess des Entzugs von Wasser aus dem Inneren des Holzes. Manchmal nennt man diesen Prozess auch Austrocknen.

Wenn ein Baum gefällt wird, enthält dessen Holz sehr viel Wasser. Wenn das Wasser aus dem Inneren verdampft, schrumpft das Holz zusammen. Wenn das Holz zusammenschrumpft, dann spaltet es sich häufig. Wenn das Holz sich genau dort spaltet, wo du schnitzt, kann dies deine Schnitzarbeit ruinieren.

Lufttrocknung ist eine Methode zum Härten von Holz. Dabei wird Holz geschnitten und an der frischen Luft liegen gelassen, bis der Großteil des Wassers verdampft ist. Dies kann Jahre dauern. Eine andere Methode nennt sich künstliche Holztrocknung, wo das Holz in eine Kammer (genannt Trockenkammer) gegeben wird, um danach die Luftfeuchtigkeit zu verringern und die Temperatur zu erhöhen. Wenn Holz richtig gehärtet wird, sollte es sich nicht spalten, weshalb es immer ratsam ist, mit Holz zu arbeiten, das getrocknet wurde.

Wo man Holz zum Schnitzen bekommt

Am besten holt man sich das Holz zum Schnitzen von einem Holzschnitzer. Versuche eine Holzschnitzrunde in deiner Umgebung zu finden. Wenn du Interesse zeigst, werden Holzschnitzer dir gerne dabei helfen, an Holz zu kommen, und werden dir vielleicht sogar Rohlinge zuschneiden.

Eine weitere gute Quelle sind Ausstellungen von Holzschnitzern. Bei solchen Ausstellungen gibt es üblicherweise immer jemanden, der Holz verkauft. Holzschnitzer, die eine Ausstellung besuchen, werden dir möglicherweise auch Holz oder Holzrohlinge zur Verfügung stellen, wenn sie merken, dass du interessiert bist.

Die meisten Holzschnitzkataloge verkaufen rohes Holz, manche auch teilweise vorgeschnitzte Rohlinge.

Wenn du in einer Holzschnitzgruppe bist, rede mit deinen Gruppenleitern. Möglicherweise können sie dir dabei helfen, jemanden zu finden, der sich beim Schnitzen sowie mit Holz und den Werkzeugen, die du brauchst, auskennt.

Ein Rohling ist ein Holzstück, das auf die richtige Größe zugeschnitten wurde. Manchmal sind die Konturen der Schnitzarbeit bereits zugeschnitten. Wenn man die Konturen zuschneidet, bevor man mit dem Schnitzen beginnt, ist man den Großteil des Verschleißholzes los und das Objekt kann viel leichter geschnitzt werden.

KAPITEL 2

Holzschnitz-Zubehör

Zusätzlich zu Holz und den eigentlichen Schnitzwerkzeugen, die wir im nächsten Kapitel behandeln werden, solltest du noch einige andere Dinge zur Hand haben, wenn du schnitzt. In diesem Kapitel geht es um jene Dinge, die du brauchen wirst und darum, wie du sie verwendest.

Rutschfeste Unterlage

Rutschfeste Unterlagen – zum Beispiel solche, die man oft im Inneren von Schubladen findet – sind perfekt geeignet, um Holz zu fixieren, damit es nicht während des Schnitzens wegrutscht. Rutschfeste Unterlagen helfen auch dabei, andere Gegenstände vor dem Wegrutschen zu bewahren, wie zum Beispiel Werkzeuge auf einer Werkbank. Du bekommst rutschfeste Unterlagen in Rollen in Geschäften, die Haushaltsgegenstände verkaufen.

Rutschfeste Unterlage fixiert das Holz, damit es nicht wegrutscht, wenn du es schnitzt. Schneide das Material einfach auf eine Größe zu, die etwas größer als der Holzblock ist, den du schnitzt.

Klebstoff

Verwende beim Holzschnitzen gängigen Holzleim, um Holzstücke zusammenzukleben. Holzleim, der in der Regel weiß ist, findest du in den meisten Baumärkten oder Heimwerkergeschäften.

Manchmal brauchen Holzschnitzer Leim, um ein Holzstück für eines ihrer Vorhaben zu vergrößern oder um Teile zusammenzufügen. Du wirst Holzleim zum Zusammenfügen bei den Projekten in Kapitel 4 verwenden – so zum Beispiel, um die Nase eines Schneemanns an seinen Körper zu kleben –; es wird aber nicht nötig sein, dass du für die Projekte Holzstücke größer machst, da hier solche Holzgrößen verwendet werden, die problemlos verfügbar sind. Wenn es dir jemals passieren sollte, dass ein Stück während des Schnitzens abbricht,

kannst du das Problem beheben, indem du die Stücke mithilfe von Holzleim wieder zusammenklebst und sie danach ca. 10 Minuten fixierst.

Im nächsten Kapitel wirst du auch einen Klebestift verwenden, um Schleifpapier an Spanplatten oder an Farbrührstäben anzubringen, um auf diese Weise Schleifwerkzeuge herzustellen. Klebestifte gibt es in den meisten Handwerksläden.

Fertigkeiten: Holz zusammenkleben

Kleben besteht nicht nur aus dem bloßen Auftragen von Klebstoff auf das Holz. Stelle zuallererst sicher, dass deine Oberflächen frei von Sägespänen sind, da diese die Bindung schwächen.

1

Den Klebstoff auftragen
Trage ein wenig Klebstoff auf beide Oberflächen auf, die zu verkleben sind. Wenn die Fläche sehr klein ist, dann verwende einen Zahnstocher, um den Klebstoff gleichmäßig aufzutragen.

2

Zusammenpressen
Du kannst kleinere Stücke für ein bis zwei Minuten zusammenpressen und sie dann eine Stunde ruhen lassen, damit der Klebstoff trocknen kann. Größere Teile sollten über Nacht mit Schraubzwingen, Gummibändern oder Klebebändern zusammengehalten werden.

Schleifpapier

Schleifpapier ist mit rauen Partikeln bedeckt, die dabei helfen, das Holz zu glätten und zu formen. Es kann gefaltet, gerollt oder um Objekte gewickelt werden, um damit schwer erreichbare Bereiche abschleifen zu können. Schleifpapier wird oft dazu verwendet, um fertige Schnitzarbeiten abzuschleifen, um zwischen zwei Farbschichten zu schleifen oder um eine Schnitzarbeit nachzubearbeiten. Später wirst du dann auch sehen, wie man Schleifpapier dazu verwenden kann, um Werkzeuge zu schleifen. Schleifpapier ist in den meisten Heimwerkerläden und Baumärkten erhältlich.

Wickle Schleifpapier um ein Objekt wie zum Beispiel einen Bleistift, um damit die Schlupfwinkel und Ritzen einer Schnitzarbeit abzuschleifen.

Schleifpapier ist in verschiedenen Körnungen erhältlich – grob, mittel, fein und sehr fein. Jede Körnung hat eine entsprechende Nummer und eine bestimmte Funktion. (Siehe die Tabelle „Schleifpapierkörnungen" rechts.) Die Größe der Körnung bestimmt, wie schnell damit Holz abgetragen wird. Größere oder gröbere Körnungen tragen Holz schnell ab, hinterlassen aber große Kratzer. Man muss dann feine und sehr feine Körnungen verwenden, um die Kratzer zu entfernen. Um eine Schnitzobjekt abzuschleifen, benötigt man eine Vielzahl von Körnungen – von ca. 60 bis 220.

Schleifpapierkörnungen		
Körnung	Nummer	Zweck
grob	40- bis 60-körnig	schnelles Abtragen von Holz
mittel	80- bis 120-körnig	Oberfläche glätten
fein	150- bis 180-körnig	abschließender Schliff des Holzes
sehr fein	220- bis 240-körnig	eine sehr glatte Oberfläche schaffen

Fertigkeiten: Eine Schnitzarbeit abschleifen und putzen

Wenn du eine Schnitzarbeit fertig gestellt hast, dann gibt es mehrere Möglichkeiten: du kannst sie so lassen, wie sie ist, damit man die Schnitte auch sieht; du kannst die Oberfläche etwas glatter machen, aber trotzdem einige der Schnitte beibehalten oder die Oberfläche komplett glatt schleifen. Um eine vollkommen glatte Oberfläche zu erzielen, benutze zuerst eine mittlere Körnung, etwa 120, um alles, was noch vom Schnitt zu sehen ist, abzutragen. Dann wechsle zu einer Körnung zwischen 220 und 240, um die Oberfläche zu glätten.

Die Größe des Schleifpapiers anpassen
Damit du mit dem Blatt gut arbeiten kannst, kannst du ein Stück abreißen, es falten oder es sonst irgendwie auf die richtige Größe bringen. Du kannst es auch um ein Objekt wickeln, um es in die richtige Form zu bringen. Wenn du es um einen flachen Holzblock wickelst, kannst du damit leicht flache Oberflächen abschleifen.

Alle Körnungen verwenden
Verwende eine Vielzahl verschiedener Körnungen, wie zum Beispiel von 120 über 180 bis 240, um eine glatte Oberfläche zu erzielen. Wenn du eine flache Oberfläche abschleifst, solltest du stets in Richtung der Holzfaserung schleifen. Wenn du alle Körnungen zum Abschleifen verwendet hast, wische die Oberfläche mit einer Bürste oder einem Lappen ab.

Schleifklötze auftreiben

Gegenstände, um die du Schleifpapier wickelst, um daraus Schleifklötze zu machen, müssen nicht die typischen Formen wie etwa quadratisch, rechteckig oder zylindrisch haben. Es können auch anders geformte Gegenstände, wie etwa solche mit Krümmungen oder anderen Formen sein, die zur Form deiner Schnitzarbeit passen – also schau mal, wie viele Dinge du finden kannst. Wenn du einmal einige Schnitzerfahrung hast, kannst du Formen nach deinem Belieben machen. Vergiss nur nicht, wofür auch immer du dich entscheidest, es muss dem Druck standhalten, den du beim Abschleifen darauf ausübst. Versichere dich außerdem, dass der Gegenstand, den du verwendest, auch sicher ist (dass er, zum Beispiel, keine scharfen Ecken hat).

Die Schnitzarbeit putzen
Verwende eine Zahnbürste, um den Schleifstaub oder kleine Holzschnitzel aus den Ritzen und Rillen deiner Schnitzarbeit herauszubekommen. Wische dann die Oberfläche mit einem weichen Tuch ab, um die Sägespäne zu entfernen. Wenn du mit dem Abschleifen und Reinigen fertig bist, kann die Schnitzarbeit nachbearbeitet werden.

Zubehör zum Übertragen von Vorlagen

Wenn du möchtest, dass deine Schnitzarbeit wie eine der Projektvorlagen aussieht, dann ist es wichtig, dass du das Muster präzise auf das Holz überträgst. Das hier vorgestellte Zubehör wird die Übertragung von Mustern viel einfacher machen.

Graphit-Kopierpapier

Paus- und Graphitpapier

Um eine präzise Kopie der Papiervorlage auf das Holz zu bekommen, verwendest du am besten Paus- oder Graphitpapier. Lege zuerst das Paus- oder Graphitpapier auf das Holz und darauf deine Vorlage, dann befestige sie mit Klebeband. Nun fährst du einfach die Linien auf der Vorlage nach, um eine Kopie des Musters direkt auf das Holz zu zeichnen. Beide Produkte können in Kaufhäusern oder Bürobedarfsläden gekauft werden.

Muster, bei denen du alle Linien benötigst, sind am einfachsten mithilfe von Pauspapier oder Graphitpapier auf Holz zu übertragen.

Fertigkeiten:
Vorlagen übertragen

Diese Methode ist eine der effektivsten bei der Übertragung von Mustern fürs Schnitzen auf Holz. Sie kann dazu verwendet werden, das Muster direkt auf das Holz zu übertragen oder um eine Kartonschablone anzufertigen.

1

Die Vorlage mit Klebeband fixieren
Gib ein Stück Paus- oder Transparentpapier zwischen die Vorlage und das Holzstück oder den Karton. Befestige die Vorlage mit Klebeband am oberen Ende des Holzes oder Kartons. Die untere Seite nicht festkleben.

2

Die Linien nachfahren
Fahre mit einem Bleistift oder einem Kugelschreiber die Linien der Vorlage nach. Ein Buntstift oder Kugelschreiber kann nützlich sein, um die Linien, die man bereits nachgefahren hat, besser zu erkennen.

3

Den Fortgang überprüfen
Da das Vorlagenblatt nur oben an den Holzblock angeklebt wurde, kannst du jederzeit nachprüfen, ob alle Linien gut sichtbar auf das Holz oder den Karton übertragen wurden.

4

Verwende die Schablone
Wenn du die Vorlage auf einen Karton übertragen hast, schneide diesen entsprechend aus. Danach legst du die Kartonvorlage auf das Holz und fährst an den Rändern mit einem Bleistift entlang.

Karton

Anstatt das Muster direkt auf das Holz zu übertragen, könnte es manchmal besser sein, es stattdessen auf Karton zu kopieren, besonders, wenn die Form recht einfach ist. Schneide dann die Kartonvorlage aus, um daraus eine Schablone zu erzeugen, mit deren Hilfe du dasselbe Projekt mehrmals verwirklichen kannst. Markiere nützliche Stellen auf der Schablone und zeichne eine Linie entlang der Schablone, um die Vorlage auf das Holz zu übertragen. Karton ist in Kaufhäusern sowie in Bürobedarfsläden erhältlich.

Markiere hilfreiche Teile, wie zum Beispiel Bohrlöcher, auf einer Schablone. Beim Frosch-Projekt in Kapitel 4 ist die Position des Bohrloches mit einem Bleistiftloch in der Mitte gekennzeichnet. So solltest du immer verfahren, wenn du an diesem Projekt arbeitest.

Versuche deine eigenen Vorlagen herzustellen

Wenn du das Nachzeichnen von Vorlagen gut gemeistert hast, kannst du einmal versuchen, die Vorlage zu verändern. Wenn du zum Beispiel einen Schneemann schnitzt, könntest du probieren, die Form seines Hutes zu verändern. Du könntest sogar versuchen, deine eigene Vorlage zu kreieren. Such dir eines deiner Lieblingsbilder oder -fotos aus und verwende Transparentpapier, um die wichtigen Teile zu kopieren. Versuche nicht, jedes Detail zu kopieren. Du musst es vielleicht mehrmals versuchen, bevor es klappt, aber dann hast du deine eigene, einzigartige Vorlage.

Abdeckband

Sie kennen vermutlich das übliche Haushaltsklebeband, das beim Schnitzen nützlich ist, um Vorlagen auf dem Holz zu fixieren und manchmal auch, um Verschleißholz zu fixieren, während man an einem zerbrechlichen Teil arbeitet. Du kannst das Abdeckband auch verwenden, um einen Daumenschützer herzustellen, der im nächsten Kapitel behandelt wird. Abdeckband kann in jedem Kaufhaus, in Baumärkten und Bürobedarfsläden gekauft werden.

Zubehör zur Nachbearbeitung

Es gibt viele Methoden der Nachbearbeitung oder Nachbehandlung des Holzes, wenn du mit dem Schnitzen fertig bist. Du kannst deine Schnitzarbeit auch einfach so lassen, ohne sie nachzubearbeiten – ohne Anstrich oder Lackierung. In diesem Abschnitt werden wir über Buntstifte, Möbelwachs, Klarwachs und Lack sprechen. Abgesehen von der Frage, ob du dein Werkstück bemalst oder nicht: du kannst auch Möbelwachs, Klarwachs oder Lack (eine klare Flüssigkeit) auftragen, die die Oberfläche deiner Schnitzarbeit umhüllen und beschützen und sie vor Verschmutzung bewahren. Das meiste davon findest du in Kaufhäusern, Baumärkten oder Heimwerkerläden.

Buntstifte

Obwohl eine Schnitzarbeit auch unbearbeitet großartig aussehen kann, macht es dennoch Freude, ein Werkstück farblich abzurunden. Mit Buntstiften kannst du einfach und problemlos deine Schnitzarbeit bemalen. Ich empfehle Wachsstifte, die Buntstiften sehr ähnlich sind, aber weichere, ölbasierte Pigmente besitzen. Die meisten Wachsstifte lassen die Holzfaserung durchschimmern.

Wachsstifte gibt es in nicht weniger als 60 verschiedenen Farben; du kannst sie aber auch auf der Schnitzarbeit miteinander vermischen, um deine eigenen Farbtöne herzustellen. Um die Farben zu fixieren, damit sie nicht verwischen, bestreiche sie mit wasserhaltigem, klarem

Lack oder Möbelwachs. Verwende niemals ölhaltigen Lack für deine Schnitzarbeit, da ein solcher die Farben verschmiert.

Farbmarker

Wie Buntstifte auch, sind Farbmarker eine schnelle und einfache Methode, um deine Schnitzarbeit zu bemalen. Du benötigst keine speziellen Farbmarker, du kannst jeden beliebigen verwenden und jede Farbe, die du magst.

Manche Marker lassen die Holzfaserung durchscheinen, je nachdem, wie dunkel die ausgewählten Farben sind. Da Marker sehr schnell trocknen und sie in so vielen verschiedenen Farben erhältlich sind, ist es besser, die Farben nicht auf der Schnitzarbeit zu vermischen. Um ein Verwischen der Farben zu vermeiden, bestreiche die Schnitzarbeit mit wasserhaltigem, klarem Lack oder Möbelwachs. Verwende niemals ölhaltigen Lack für deine Schnitzarbeit, da ein solcher die Farben verschmiert.

Feine Filzstifte verschiedener Farben sind sehr hilfreich bei Nachbesserungen; du kannst sie auch dazu verwenden, um Augen oder andere Details auf die Schnitzarbeit zu malen.

Möbelwachs

Möbelwachs ist nicht teuer und leicht aufzutragen, erfordert aber dennoch eine intensivere Arbeit, als es bei den meisten anderen Nachbehandlungsmethoden der Fall ist. Obschon es dem Holz wie beim Lack seine natürliche Farbe lässt, ist es nicht so haltbar und schützt nicht so gut wie Lack. Es kann über fast jede andere Art der Nachbehandlung oder auch für sich alleine aufgetragen werden. Trage allerdings niemals Lack auf einer Schicht Möbelwachs auf, da dadurch die Nachbehandlung ruiniert werden würde.

Handelsübliche Möbelwachse aller Marken sind im Allgemeinen alle gleich. Manchmal gibt es farbige Möbelwachse, die deinen Schnitzereien etwas mehr Farbe verleihen, allerdings nicht so viel wie etwa Buntstifte, Farbmarker oder Anstrichfarbe.

Fertigkeiten:
Möbelwachs auftragen

Bevor du mit dem Nachbearbeiten beginnst, solltest du die Oberfläche gut abschleifen. (Siehe „Eine Schnitzarbeit abschleifen und putzen" auf Seite 21.) Je mehr Schichten Wachs du aufträgst, umso glänzender wird deine Schnitzarbeit sein. Manche Schnitzereien sehen auf diese Weise großartig aus; andere wiederum sollten besser nicht so stark glänzen.

1

Das Wachs auftragen
Trage das Möbelwachs in dünnen Schichten mithilfe eines Pinsels oder eines Lappens auf und lass die Schnitzarbeit einige Minuten ruhen.

2

Polieren
Poliere den Überschuss an Wachs mit einem trockenen Pinsel und danach mit einem weichen, fusselfreien Lappen weg. Warte nicht zu lange, um den Überschuss abzutragen, da das Wachs sich sonst anhäuft; man wird es dann nur mehr schwer wegbekommen. Wenn so etwas passiert, dann trage einfach mehr Wachs auf; du kannst dann jede Ansammlung von Wachs leicht wieder abtragen.

Farbe

Acrylfarben sind wasserhaltige Farben, die ungefährlich, einfach zu gebrauchen und in jedem Bastelbedarfsladen erhältlich sind. Wenn du malst, solltest du auch Wachspapier zur Verwendung als Farbpalette bei der Hand haben, sowie einige kleine Behälter mit Wasser für das Reinigen der Pinsel und zum Verdünnen der Farben. Benutze eine Unterlage, damit keine Farbe auf die Arbeitsfläche kommt und diese schmutzig macht. Du kannst dafür Butterbrotpapier, braunes Packpapier oder ein Stück Karton verwenden. Verwende kein Zeitungspapier, da die Tinte darauf abfärben und deine Schnitzarbeit verderben könnte.

Pure Acrylfarbe überdeckt das Holz komplett. Wenn die Holzfaserung durchscheinen sein soll, dann verdünne die Farbe mit Wasser. Du kannst auch mehrere Schichten verdünnter Farben übereinander auftragen – wenn die untere Schicht bereits trocken ist –, um andere Farben zu kreieren oder du kannst die Farben auf deiner Farbpalette vermischen. Es ist sehr einfach, Acrylfarben zu variieren, indem du ein wenig mehr oder ein wenig weniger von einer Farbe dazu gibst. Experimentiere also ruhig mit dem Mischen der Farben, um Farben zu finden, die dir gut gefallen. Ein wenig Schwarz oder Weiß zu jeder

beliebigen Farbe schafft eine Vielzahl von Schattierungen.

Wie bei Buntstiften und Farbmarkern verwendet man auch hier wasserhaltigen, klaren Lack oder Möbelwachs, um die Farben zu fixieren. Wenn Acrylfarben trocken sind, werden sie nicht verschmieren.

Wasserfarben können auf die gleiche Weise wie Acrylfarben verwendet werden, außer dass Wasserfarben trocken sind und mit Wasser vermischt werden müssen, um die Farben zu lösen und freizugeben.

Wie sehr man Farbe verdünnen soll

Um zu überprüfen, ob die Farbe genug verdünnt wurde, um die Holzfaserung nicht zu überdecken, male ein wenig davon auf ein Stück Zeitung. Wenn du die Schrift durch die Farbe durch sehen kannst, ist die Farbe verdünnt genug.

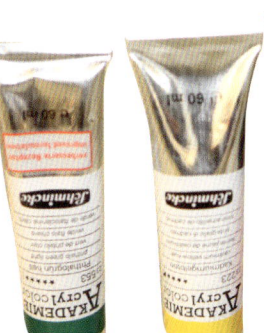

Fertigkeiten: Bemalen

Stelle sicher, dass du die Oberfläche gut abgeschliffen hast, bevor du mit irgendeiner Nachbearbeitung beginnst. (Siehe „Eine Schnitzarbeit abschleifen und putzen" auf Seite 21.) Bevor du dann mit dem eigentlichen Bemalen beginnst, bereite zunächst alle nötigen Materialien vor. Gib eine Unterlage auf deine Arbeitsfläche und mische oder verdünne alle Farben, so wie benötigt. Du kannst auch Handschuhe verwenden, wenn du dir deine Hände nicht schmutzig machen möchtest. Lass dir beim Bemalen Zeit. Fehler beim Bemalen können eine gute Schnitzarbeit verderben.

1

Die Farbe vorbereiten und auftragen
Fülle einen kleinen Behälter zur Hälfte mit Wasser und stelle ihn zum Reinigen deines Pinsels auf die Seite. Gib einen Tropfen Farbe auf Wachspapier und trage die Farbe gleichmäßig mit einem Pinsel auf die Oberfläche des Projekts auf.

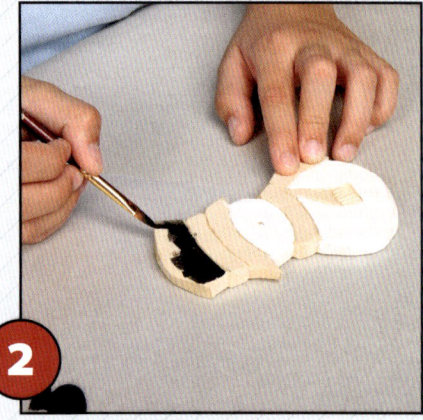

2

Farben wechseln
Wasche den Pinsel, bevor du die Farben wechselst, und fahre dann fort mit dem Bemalen deines Projekts.

Lack

Insbesondere dann, wenn deine Schnitzarbeit nicht nur zu reinen Dekorationszwecken dienen, sondern auch praktische Verwendung finden soll, solltest du Lack auftragen, um sie vor Fingerabdrücken und Schmutz zu schützen. Lack ist in wasserhaltiger und ölhaltiger Form erhältlich. Wasserhaltiger Lack ist leichter wegzuwischen und ist nicht so giftig wie ölhaltiger Lack.

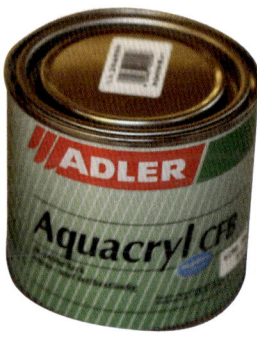

Fertigkeiten:
Lackieren

Die Oberfläche sollte gut abgeschliffen sein, bevor du mit irgendeiner Nachbearbeitung beginnst. (Siehe „Eine Schnitzarbeit abschleifen und putzen" auf Seite 21.) Bereite alles vor, bevor du mit dem Lackieren beginnst. Trage Handschuhe, wenn du Lack verwendest.

1

Den Lack auftragen
Tauche die Pinselspitze in die Lackdose und streiche eine dünne Schicht auf das Projekt. Vermeide die Entstehung kleinerer Lackverdickungen auf der Schnitzarbeit. Verwende einen fusselfreien Lappen, um alle Verdickungen, die sich bilden, umgehend zu tilgen. Auf dem Foto verwenden wir hierfür einen Schaumstoffpinsel.

2

Mehr Schichten auftragen
Stelle die Schnitzarbeit zur Seite und lasse sie trocknen. Du kannst sie einfach auf ein Stück Wachspapier oder Abfallholz legen, um danach das Reinigen leichter zu gestalten. Du könntest auch drei Nägel durch ein Stück Abfallholz schlagen und dann deine Schnitzarbeit auf die herausstehenden Nagelspitzen legen, damit diese schneller an der Luft trocknen kann. Wenn die Lackierung ganz trocken ist, trage noch eine weitere Schicht auf. Insgesamt solltest du zwei bis drei Schichten auf diese Weise auftragen.

KAPITEL 3

Werkzeuge

Viele Werkzeugarten kommen beim Holzschnitzen zur Anwendung. Ich werde hier einige der Werkzeuge vorstellen und zeigen, wie man sie verwendet. Du benötigst aber nicht alle diese Werkzeuge, um anzufangen. Du brauchst lediglich ein scharfes Messer und ein Stück Holz. Wenn du dich am Schnitzen versucht hast und weißt, dass du weitermachen willst, dann kannst du dir einige dieser verschiedenen Werkzeuge beschaffen.

Sicherheitsausrüstung

Wenn du ein Stück Holz in der Hand hältst, während du mit einem Messer darauf schnitzt, solltest du Sicherheitshandschuhe und einen Daumenschützer tragen. Schraubzwingen, die wir später im Kapitel Werkzeuge auf Seite 37 behandeln werden, gehören auch zur Sicherheitsausrüstung, weil sie deine Hände von der Schnittkante des Messers fernhalten. Für die Übungen und Projekte in diesem Buch wirst du das Holz immer mit einer Schraubzwinge befestigen, wenn du mit einem Hohlmeißel oder einem Schnitzeisen (wie z. B. einem Geißfuß) schnitzt.

Selbst wenn du alle Sicherheitsvorkehrungen triffst, solltest du stets besonders vorsichtig sein. Schnitzwerkzeuge sind scharf und du kannst dich daran schneiden, wenn du sie nicht richtig gebrauchst. Du solltest also immer einen Erste-Hilfe-Koffer zur Hand haben, wenn du schnitzt.

Kevlar-Handschuhe

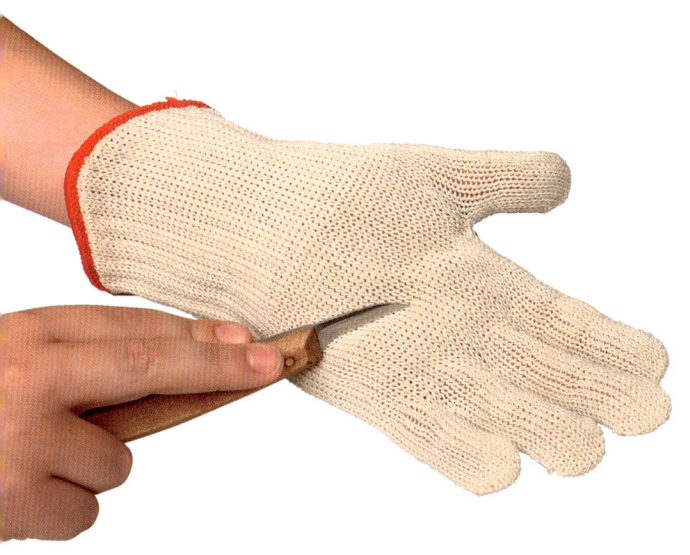

Sicherheitshandschuh

Ein Sicherheitshandschuh schützt dich vor Schnittverletzungen mit dem Messer. Du solltest ihn auf der Hand tragen, mit der du das Holz hältst.

Einige Handschuhe bestehen aus Kevlar, demselben Material, aus dem auch schusssichere Westen bestehen. Ein noch sicherer Handschuh ist ein rostfreier Stahlhandschuh, wie er auch von Leuten verwendet wird, die mit Metall- oder Glasplatten hantieren. Bei einem solchen Handschuh zieht sich ein feiner Stahldraht durch jeden Faden. Er bietet den höchsten Schutz beim Schnitzen. Beide Arten von Handschuhen sind in Holzschnitzläden oder aus Holzschnitzkatalogen in unterschiedlichen Größen erhältlich.

Bedenke aber immer, dass dich ein Sicherheitshandschuh zwar vor einigen Schnittwunden schützt, nicht so sehr aber vor Stichwunden.

Ein Sicherheitshandschuh schützt dich vor einigen Schnittwunden (oben), aber er bietet nicht viel Schutz vor Stichwunden (unten).

Rostfreier Stahlhandschuh

Handschuhgröße messen

Um herauszufinden, welche Handschuhgröße dir passt, misst du zuerst den Umfang deiner Hand bei den Fingerknöcheln, wie im Foto rechts. Dann verwende diese Tabelle, um die richtige Handschuhgröße für dich zu finden.

Handschuhgrößen	
Handschuhgröße	**Handumfang in cm**
XS	16,5 bis 19
S	19 bis 21,6
M	21,6 bis 24,1
L	24,1 bis 26,7
XL	26,7 bis 29,2

Hier messen

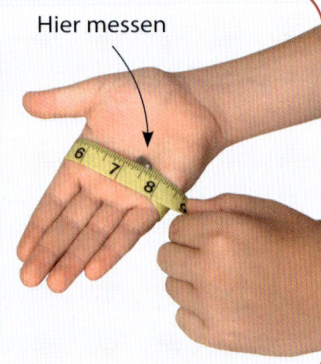

Daumenschützer

Ein Daumenschützer besteht aus Leder mit einem elastischen Band und wird über den Daumen jener Hand gezogen, die das Messer hält. Das elastische Band fixiert den Schützer auf deinem Daumen. Daumenschützer sind in verschiedenen Größen erhältlich, du solltest also einen kaufen, der wirklich gut passt.

Du kannst auch einen Daumenschützer aus selbsthaftendem Verbandsmaterial oder mithilfe von Abdeck- oder Klebeband herstellen. Selbsthaftendes Verbandsmaterial ist in Geschäften erhältlich, die Zubehör für Pferde verkaufen oder kann über einschlägige Kataloge als Fixierpflaster bestellt werden. Selbsthaftendes Verbandsmaterial bleibt an sich selbst haften und klebt nicht an der Haut.

Erste-Hilfe-Koffer

Es ist eine gute Idee, für den Fall der Fälle einen Erste-Hilfe-Koffer zur Hand zu haben. Dieser sollte sich in deinem Arbeitsbereich befinden. Falls du einen solchen noch nicht zu Hause hast, kaufe dir einen Koffer oder stelle dir selbst einen zusammen, indem du zumindest einige Verbände, sterile Wischtücher, Mullbinden, eine Pinzette und ein Vergrößerungsglas zusammen in einen kleinen Koffer oder eine kleine Tasche tust.

Deinen eigenen Daumenschützer herstellen

Deinen eigenen Daumenschützer herzustellen, ist nicht schwer. Wenn das Band, Abdeckband oder Klebeband Schnitte abbekommt, kannst du einfach noch ein paar Schichten darüberwickeln. Wenn der Daumenschützer dann zu dick wird, machst du dir einfach einen neuen. Und so machst du einen Daumenschützer:

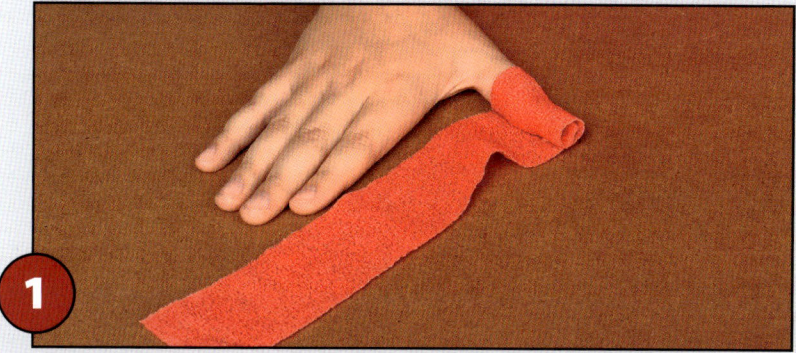

1

Schneide die Rolle selbsthaftendes Klebeband in zwei Hälften, sodass du zwei gleich große Rollen hast. Schneide dann ein zirka 30 cm langes Stück ab und wickle es oberhalb des Knöchels um deinen Daumen. Wenn du Abdeckband oder Klebeband verwendest, dann verwende ein Band, das zirka 2,5 cm breit ist. Wickle die erste Schicht mit der Klebeseite nach außen; dann wickle noch sechs weitere Schichten, diesmal mit der Klebeseite nach innen, über die erste Schicht.

2

Wickle das Klebeband weiter um deinen Daumen und passe es dabei genau der Form deines Daumens an.

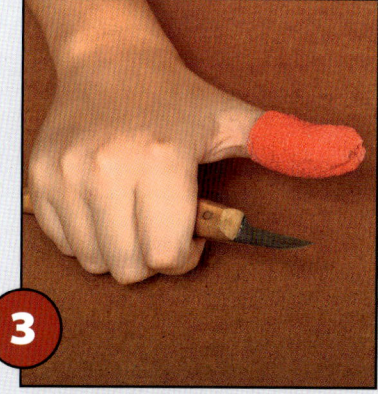

3

Stelle sicher, dass der Daumenschützer gut anliegt, und schon bist du bereit, mit dem Schnitzen zu beginnen.

Deine Werkzeuge pflegen

Da du wahrscheinlich Geld für deine Werkzeuge ausgeben musstest und Zeit investiert hast, um sie zu schleifen, solltest du sie auch gut pflegen. Hier sind einige Tipps für die richtige Pflege von Werkzeug:

Die Schnittkanten schützen. Wenn du deine Werkzeuge gerade nicht verwendest, schütze die Schnittkanten mit einem Schutzüberzug. Vergiss nicht, vorsichtig zu sein, wenn du einen Schutzüberzug auf die Klingen gibst oder wenn du deine Werkzeuge aufräumst.

Halte deine Werkzeuge trocken und verwahre sie an einem sicheren Ort. Das verhindert, dass die Werkzeuge rosten und vermindert das Risiko, dass sich jemand daran schneidet. Ein alter Schuhkarton ist zu diesem Zweck sehr praktisch.

Halte deine Werkzeuge von harten Objekten fern. Wenn du deine Werkzeuge verwendest, dann lege sie niemals irgendwo hin, wo ein anderes Werkzeug oder ein hartes Objekt auf die Schnittkante schlagen könnte. Wenn etwas Hartes auf die Schnittkante eines Werkzeugs schlägt, kann die Klinge durch eine Kerbe beschädigt werden. Eine durch eine Kerbe beschädigte Klinge hinterlässt beim Schnitzen kleine Linien im Holz. Wenn eine Klinge auf diese Weise beschädigt wird, muss die Kerbe durch Schleifen der Klinge beseitigt werden.

Halte deinen Arbeitsplatz sauber. Du kannst deine Werkzeuge vor Staub und anderen Verschmutzungen bewahren, indem du deinen Arbeitsplatz regelmäßig reinigst, damit die Werkzeuge nicht stumpf werden oder rosten.

Plastikröhren sind gute Klingenschützer, die für wenig Geld in verschiedenen Größen in jedem Baumarkt erhältlich sind.

Du kannst die Schnittkanten auch schützen, indem du sie in dichte Dämmstoffblöcke steckst.

Werkzeuge zum Messen und Markieren

Holz genau abzumessen und zu markieren ist wichtig für Vorlagen, die fixe Maße haben oder die dem Holz angepasst werden müssen sowie für das Aufeinander-Abstimmen der Einzelteile des Projekts. Lineale und Winkel werden zum Ausmessen verwendet; mit Bleistiften werden Markierungen gemacht oder Linien gezogen.

Lineal

Ein Lineal besteht aus Holz, Metall oder Plastik und hat Markierungen, um die Abstände zwischen zwei Punkten zu messen. Beim Schnitzen wirst du oft ein Lineal benötigen. Ein Lineal mit einer Länge von 15 cm sollte man praktischerweise zur Hand haben.

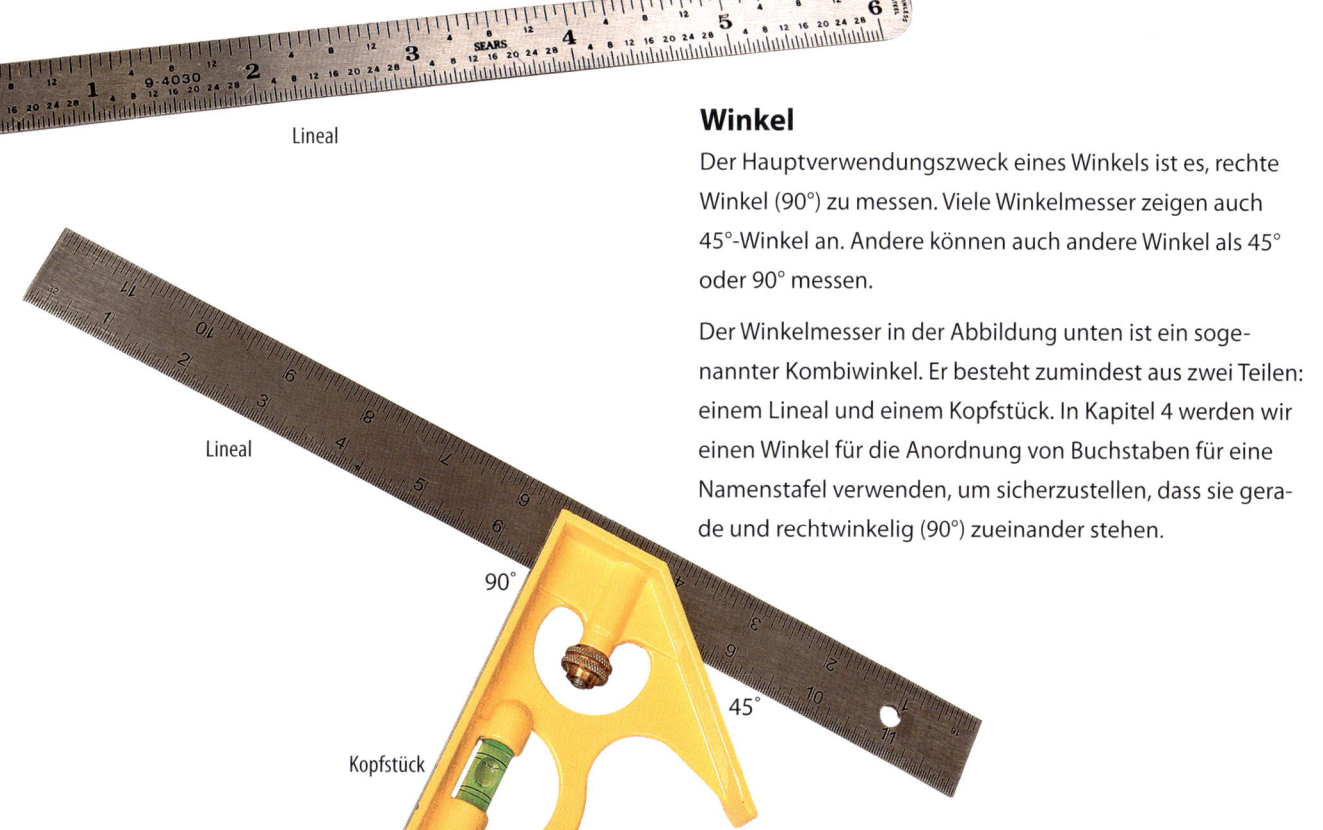

Lineal

Winkel

Der Hauptverwendungszweck eines Winkels ist es, rechte Winkel (90°) zu messen. Viele Winkelmesser zeigen auch 45°-Winkel an. Andere können auch andere Winkel als 45° oder 90° messen.

Der Winkelmesser in der Abbildung unten ist ein sogenannter Kombiwinkel. Er besteht zumindest aus zwei Teilen: einem Lineal und einem Kopfstück. In Kapitel 4 werden wir einen Winkel für die Anordnung von Buchstaben für eine Namenstafel verwenden, um sicherzustellen, dass sie gerade und rechtwinkelig (90°) zueinander stehen.

Lineal

90°

45°

Kopfstück

Bleistift

Die beste und einfachste Art, Maße anzuzeichnen und Linien auf dem Schnitzblock zu ziehen, ist ein einfacher Bleistift. Der Bleistift sollte immer spitz sein, damit die Linien fein und klar sind.

Fertigkeiten: Messen und Markieren

Freihändiges Zeichnen ist eine andere übliche Methode, um Muster zu übertragen. Mithilfe dieser Technik kannst du gewisse Abschnitte beim Zeichnen modifizieren, falls das nötig ist, während du das Muster als Vorlage verwendest. Lineale, Winkel und andere Messwerkzeuge werden beim Freihandzeichnen häufig verwendet. Markierungsstriche und Hilfslinien sind manchmal hilfreicher, als das komplette Muster auf das Holz zu zeichnen. In diesem Praxisbeispiel werden wir einen Winkel verwenden, aber du kannst die gleiche Technik auch mit einem Lineal anwenden.

1

Messen

Bringe zwei Markierungen an, jeweils 6 mm entfernt von einer Seite des Brettes. Bringe außerdem zwei Markierungen im Abstand von je 6 mm von der oberen Seite an. Mach das gleiche auf der unteren Seite.

2

Markieren

Den Anschlag des Winkels mit einer Hand an die Kante des Holzstücks halten, dann den Winkel zu einem Paar Markierungen nach oben schieben und mit dem Bleistift am Rand des Winkels entlang eine Verbindungslinie zwischen den beiden Punkten ziehen. Mache das Gleiche für jedes Paar Markierungen. Wenn du fertig bist, solltest du auf jeder der drei Seiten eine Linie haben.

Klemmwerkzeuge

Immer wenn du die Möglichkeit dazu hast, dann solltest du deine Schnitzarbeit festklemmen, damit du mit beiden Händen das Werkzeug beim Schnitzen halten kannst. Ein Handschuh und ein Daumenschützer helfen dabei, deine Hände zu schützen, aber Schraubzwingen machen das Schnitzen noch sicherer. Wenn du beide Hände auf dem Werkzeug hast, kannst du sie leichter von der Schnittkante der Klinge fernhalten. Bei den Übungen und Projekten in diesem Buch werden wir die Schnitzarbeit immer festklemmen, wenn wir mit Hohlmeißeln und Schnitzeisen (z. B. Geißfüßen) arbeiten. Schraubzwingen, Schraubstöcke und eine Werkbank sind alle sehr hilfreich, wenn es darum geht, eine Schnitzarbeit zu fixieren.

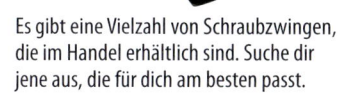

Es gibt eine Vielzahl von Schraubzwingen, die im Handel erhältlich sind. Suche dir jene aus, die für dich am besten passt.

Schraubzwingen

Schraubzwingen fixieren ein Objekt oder pressen Objekte zusammen; häufig um diese zusammenzukleben. Es gibt viele verschiedene Arten von Schraubzwingen, aber die meisten Schraubzwingen für Holzarbeiten haben verstellbare Klemmbacken, damit man damit verschieden dimensionierte Projekte festklemmen kann. Wenn du Metallschraubzwingen zum Fixieren der Schnitzarbeit verwendest, dann gib Holzstücke zwischen die Klemmbacken und deine Schnitzarbeit, damit dein Werkzeug das Holz und nicht das Metall trifft, wenn du jemals ausrutschen solltest.

Fertigkeiten: Klemmen

Eine Schraubzwinge mit verstellbarem Spannarm ist leicht zu verwenden, wenn man den Trick heraus hat: Halte den festen Spannarm mit einer Hand fest, während du den beweglichen Spannarm aufwärts schiebst.

1

Öffnen der Schraubzwinge
Drehe den Haltegriff und bringe die runde Auflage der Schraubzwinge nahe an den anderen Spannarm. So bleibt noch Raum, um die Schraubzwinge anzupassen.

2

Den festen Spannarm anbringen
Halte den festen Spannarm der Schraubzwinge ruhig und flach gegen das Holz.

3

Die Schraubzwinge festziehen
Schiebe den beweglichen Spannarm der Schiene entlang nach unten, bis die Auflage flach auf dem Holz liegt. Ziehe die Schraubzwinge danach mithilfe des Haltegriffes fest.

Werkzeuge

Schraubstock

Du kannst dein Projekt auch mit Schraubstöcken fixieren, während du schnitzt. Es gibt sie in verschiedenen Ausfertigungen, aber einige sind leichter zu benutzen als andere. Wenn du dir einen Schraubstock anschaffst, dann sollte er das Holzstück, das du schnitzen willst, ganz festhalten können, es sollte damit leicht und schnell möglich sein, die Schnitzarbeit nach deinen Wünschen zu fixieren. Zudem sollte der Schraubstock nicht zu groß und beim Schnitzen nicht im Weg sein.

Oben

Unten

Werkbank

Eine Werkbank fixiert ein Holzstück während des Schnitzens. Die Anschläge auf der Rückseite und auf der Seite verhindern, dass sich das Objekt bewegt. Wenn du Rechtshänder bist, sollte sich der kurze Anschlag auf der linken Seite befinden, wenn du Linkshänder bist, auf der rechten. Lasse einen kleinen Spalt zwischen dem Anschlag auf der Rückseite und dem auf der Seite offen, damit du die sich dort ansammelnden Holzspäne leicht entfernen kannst. Eine gute Arbeitsplatte sollte zirka 25 cm tief und 30 cm breit sein.

Verwende den Plan auf der rechten Seite, um deine eigene Arbeitsplatte zu machen. Bringe ein rutschfestes Material auf der Unterseite der Arbeitsplatte an, um die Oberfläche zu schützen, auf die du die Arbeitsplatte legst; das verhindert auch, dass die Arbeitsplatte während des Schnitzens verrutscht. Alternativ kannst du auch ein Handtuch unter die Arbeitsplatte legen, um die Oberfläche darunter zu schützen.

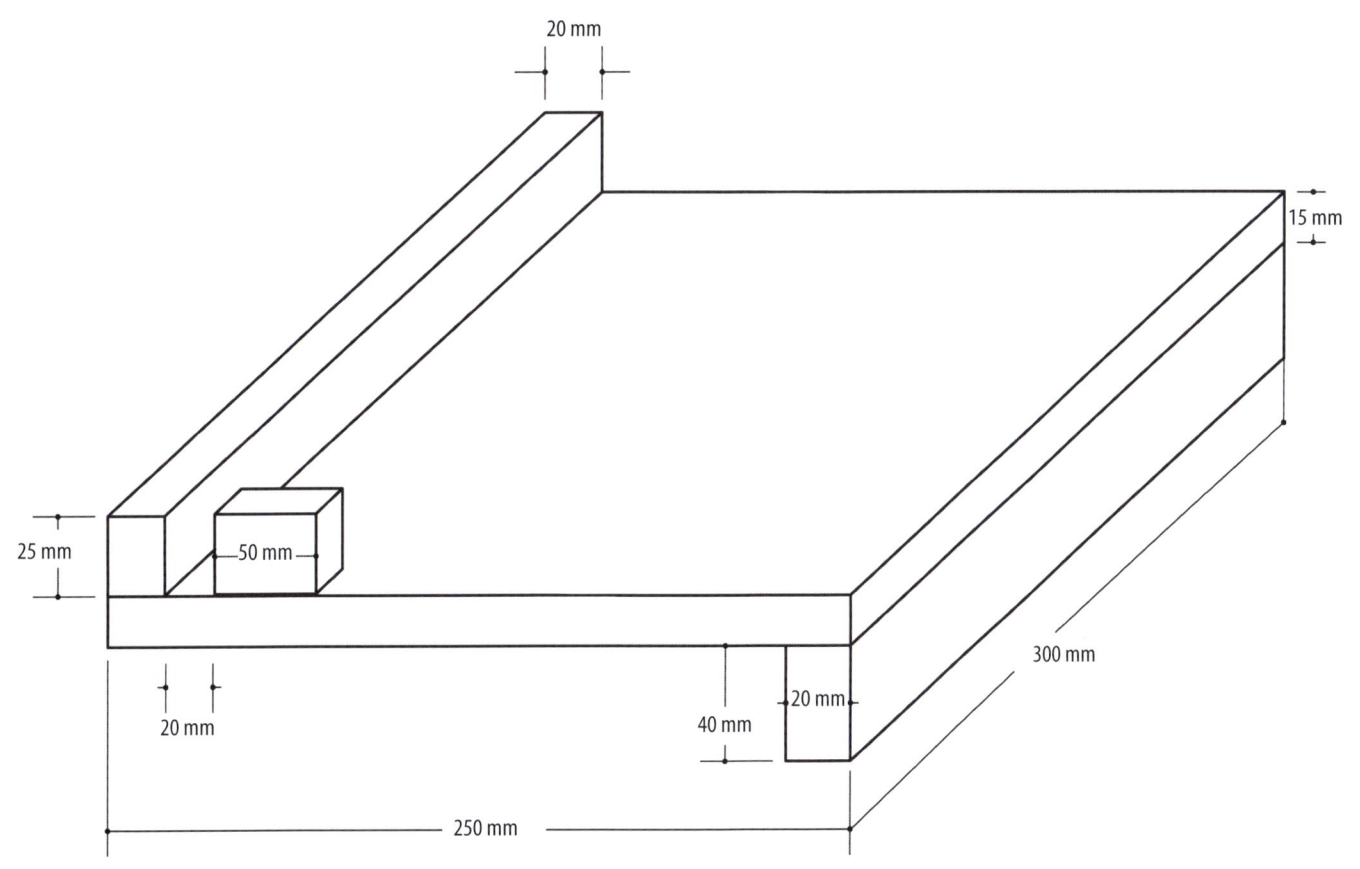

Verwende diesen Plan zur Herstellung deiner eigenen Arbeitsplatte. Dafür brauchst du die Fertigkeiten „Messen und Markieren" von Seite 36, „Klemmen" von Seite 37 und „Sägen" von Seite 42.

Sägen

Bei den hier vorgestellten Projekten werden wir Holz mit Handsägen bearbeiten. Wir werden die Sägen nicht direkt zum Schnitzen verwenden, aber man kann damit schnell überschüssiges Holz vom Rohling entfernen, um so schneller mit dem Schnitzen beginnen zu können. Es gibt eine Vielzahl verschiedener Handsägen. Wir werden für feinere kurvenförmige Schnitte eine Laubsäge und bei geraden Schnitten und Stoppschnitten eine Rückensäge verwenden. Aber egal, welche Säge du auch verwendest, pass auf, dass du deine Finger nicht zu nahe am Sägeblatt hältst, um nicht verletzt zu werden.

Laubsäge

Diese Sägeart hat ein sehr dünnes Sägeblatt, das zwischen den Endstücken eines U-förmigen Rahmens gespannt ist. Ein Gewindebolzen verbindet den Rahmen und das Sägeblatt mit dem Griff. Eine Laubsäge ist perfekt geeignet für Feinarbeiten, da ihr dünnes Sägeblatt sehr enge Radien schneiden kann.

Das Sägeblatt kann schnell ausgewechselt werden, indem man den Griff lockert und das Sägeblatt aus der Halterung nimmt. Wenn du ein Sägeblatt auswechselst, sollten die Zähne in Richtung des Griffes zeigen, da die Säge schneidet, wenn du sie zu dir ziehst. Du kannst ein Stück aus der Mitte deines Projektes schneiden, indem du das Sägeblatt aus der Halterung nimmst und dieses durch ein vorher gebohrtes Loch führst.

Fertigkeiten:
Kurvenförmige Schnitte machen

Wenn du eine Laubsäge verwendest, dann solltest du nicht zu fest auf das Sägeblatt drücken, sonst wird es nicht gerade schneiden. Übe zuerst ein wenig mit deiner Laubsäge, bevor du sie bei deinem Projekt verwendest.

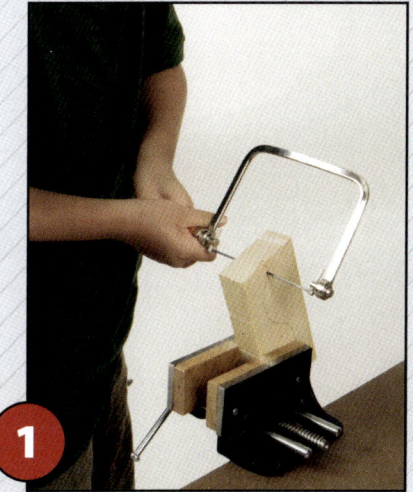

1 **Mit dem Sägen beginnen**
Zeichne die Schnittlinie vor und klemme das Holz aufrecht in einem Schraubstock ein. Halte die Laubsäge mit beiden Händen und fange an zu sägen, indem du kurze, leichte Schnitte machst.

2 **Folge der vorgezeichneten Linie**
Verwende die volle Länge des Sägeblatts, wenn die Säge ins Holz eingedrungen ist, und säge der Schnittlinie entlang. Vergiss nicht, dass die Säge beim Ziehen schneidet.

3 **Den Sägerahmen drehen**
Wenn der Rahmen der Säge auf das Holz schlägt, dann lockere den Griff und drehe das Sägeblatt, damit es freikommt. Danach ziehst du den Griff wieder fest. Die Sägeblatthalterungen sollten dabei immer gleich ausgerichtet sein.

Rückensäge

Eine Rückensäge hat ein dünnes Sägeblatt und ein steifes Rückenteil. Das steife Rückenteil verleiht dem Sägeblatt Stabilität, damit es sich nicht so leicht verbiegt. Dies ist eine nützliche Säge für gerade Schnitte oder um Stoppschnitte durchzuführen. Rückensägen sind in verschiedenen Größen erhältlich. Verwende größere Sägen, um größere Holzteile abzuschneiden.

Fertigkeiten: Einfache Schnitte mit der Säge machen

Zeichne vor dem Sägen Schnittlinien mithilfe der Technik, die in „Messen und Markieren" auf Seite 36 beschrieben wurde. Mache dabei die erste Linie zirka 15 mm vom Ende des Stücks entfernt. Eine andere Linie machst du zirka 10 mm danach. Drehe das Holzstück auf die Seite und verlängere die erste Linie um zirka 10 mm die Seite hinunter. Zeichne eine weitere Linie, welche die zweite Linie mit der Verlängerung der ersten verbindet.

Du kannst das Holz beim Sägen mit einem Schraubstock fixieren oder es flach auf den Tisch mit einer Schraubzwinge festklemmen. Probiere beides aus, um herauszufinden, womit du besser arbeitest. Versichere dich, dass das Holz nicht wegrutschen kann und dass die Sägelinie über die Werkbank hinausragt, damit du nicht unabsichtlich in die Bank hineinsägst. Du brauchst beim Sägen nicht so fest anzudrücken.

Mit dem Sägen anfangen
Stelle dich mit deinem Sägearm so, dass er sich in einer Linie mit dem zu machenden Schnitt befindet. Halte mit deiner anderen Hand das Holz. Mache kurze, leichte Sägebewegungen, um durch die Kante in das Holz einzudringen. Halte dabei die Säge im rechten Winkel zum Holz. Mache längere Sägebewegungen, um den Schnitt über die gesamte Linie zu führen.

Der Linie entlang sägen
Die Rückensäge schräg an der zweiten Linie anlegen und der Verbindungslinie entlangschneiden, um das Holzstück zu entfernen. Gegen Ende hin langsamer werden und wieder kurze, leichte Sägebewegungen machen. Das Holzstück sollte leicht zu entnehmen sein.

Handbohrmaschine mit Bohraufsätzen

Bohrmaschinen werden verwendet, um Holz in einem ausgewählten Bereich zu entfernen, um Löcher zu bohren, damit dort Schrauben oder andere Teile der Schnitzarbeit eingefügt werden können, oder generell, um Löcher zu bohren.

Eine Handbohrmaschine kann Löcher mit einem Durchmesser von bis zu 6,4 mm erzeugen. Ein Spann- oder Bohrfutter, das man auf- und zudreht, um die Klemmbacken innen zu lösen, fixiert den Bohrer. In diesem Buch werden wir einen 4 mm-Spiralbohrer, einen 13 mm-Holzspiralbohrer und einen 15 mm-Flachfräsbohrer verwenden.

Handbohrmaschine mit Spiralbohrern.

16 mm-Flachfräsbohrer

Für den Umgang mit der Bohrmaschine benötigst du beide Hände, also solltest du das Werkstück immer mit Schraubzwingen an der Werkbank festklemmen oder es mit einem Schraubstock fixieren. Klemme es auf ein Holzstück, das nicht benötigt wird, damit das Holz deines Werkstücks nicht beim Austritt des Bohrers aufgerissen wird. Um eine Bohrmaschine zu verwenden, musst du mit einer Hand den Griff gegen das Holz pressen und ihn führen, während du mit der anderen die Kurbel drehst.

Fertigkeiten:
Löcher bohren

Üben wir zuerst einmal das Bohren von Löchern mit dem Bohrer und den Bohraufsätzen. Am Anfang fixiert man normalerweise das Holz, das gebohrt werden soll, mit einer Schraubzwinge, damit es während der Arbeit nicht verrutschen kann. Da das in diesem Beispiel verwendete Holzstück klein und ohne Schraubzwingen leichter zu sehen war, wurde hier rutschfestes Material verwendet, um das Holz zu fixieren. Wenn du es dann selbst probierst, solltest du es aber lieber festklemmen. Da wir hier außerdem das Loch nicht durch das gesamte Holz gebohrt haben, haben wir auch kein Stück Restholz unter das Werkstück gelegt, aber du solltest das für alle Fälle tun.

Das Bohrloch markieren
Miss das Bohrloch aus und markiere es. In diesem Fall hier ist das Bohrloch Teil der Vorlage für den Schneemann (seine Nase). Wähle einen Bohraufsatz mit genau der Größe aus, die du für das Loch brauchst. Stecke den Aufsatz ganz in die Spannvorrichtung hinein; dann so gut es geht festziehen.

Das Loch bohren
Stelle sicher, dass die Spitze des Bohrers auf dem markierten Loch liegt. Drehe dann die Kurbel des Handbohrers, sodass sich der Bohrer ins Holz fressen kann. Der Bohrer wird sich ins Holz fräsen und dabei Holzspäne aus dem Loch herausbefördern.

Messer

Ein Schnitzmesser ist eines der ersten Werkzeuge, das die meisten Holzschnitzer kaufen. Schnitzmesser gibt es in allen Formen und Größen. Einige der am meisten gekauften Messer sind Bastelmesser, Taschenmesser und Tapezier- oder Universalmesser. Die allermeisten Holzschnitzer verwenden feststehende Messer, aber alle diese Messer erfüllen den gleichen Zweck und machen die gleichen Schnitte. Bei den Projekten in diesem Buch zeigen wir alle drei Arten bei der Arbeit. Versuche alle Messer einmal zu verwenden, um herauszufinden, mit welcher Art Messer du am besten arbeiten kannst. Sehen wir uns nun alle etwas genauer an.

Wo bekommt man Werkzeuge?

Schnitzwerkzeuge bekommst du in jedem Baumarkt oder aus Holzschnitzkatalogen. Eine weitere gute Quelle sind Kunsthandwerksausstellungen, denn dort gibt es normalerweise mindestens einen Betrieb, der Schnitzwerkzeuge vor Ort verkauft.

Du kannst einzelne Schnitzwerkzeuge oder diese als Set kaufen. Ich empfehle, mit einem Schnitzmesser mit gerader Schneide zu beginnen, das eine Klinge hat, die nicht länger als 4 cm ist.

Eine gute Größe für den Anfang wäre bei einem Hohlmeißel, wenn du einen brauchst, ein 9er-Eisen mit einer Breite von 10 mm. Eine gute Größe für ein Schnitzeisen ist ebenfalls 10 mm.

Wenn du kleine Schnitzereien machen willst und dir ein Werkzeugset kaufen möchtest, dann wäre eines wie dieses hier zu empfehlen.

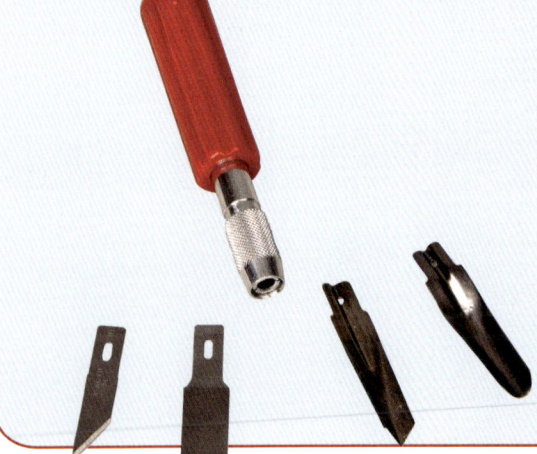

Du kannst auch ein Set wie dieses hier mit verschiedenen Wechselwerkzeugen bekommen. Es hat einen Griff und verschiedene Arten von Klingen, die man in den Griff stecken kann.

Bastelmesser

Ein Bastelmesser hat verschieden geformte Klingen, die allesamt in denselben Griff passen, und die leicht ausgewechselt werden können. Der Griff hat eine geriffelte Halterung, die die Klingen fixiert. Drehe die Halterung ganz fest zu, damit die Klinge nicht rausfallen kann. Du solltest immer gut Acht geben, wenn du Klingen herausnimmst oder hineinsteckst. Solche Klingen sind sehr scharf und du kannst dich leicht daran schneiden.

Ein Bastelmesser mit Klingenset kostet nicht die Welt, es ist also ein günstiger Weg, um mit dem Schnitzen loszulegen.

Klinge

Geriffelte
Halterung

Griff

Bastelmesser wie diese werden dir
vermutlich am besten in der Hand
liegen.

Taschenmesser

Taschenmesser haben eine oder mehrere Klingen, die man ins Heft des Messers hineinklappen kann, damit man es so sicher in der Tasche tragen kann. Egal wie viele Klingen ein Taschenmesser hat, im Grunde genommen bestehen alle Taschenmesser aus den gleichen Teilen.

Wenn du ein Taschenmesser zum Schnitzen verwendest, dann verwende eines mit höchstens drei Klingen. Es gibt auch andere Messer, die viele Klingen und sogar einige Werkzeuge enthalten, aber solche Messer sind dementsprechend groß und unhandlich beim Schnitzen.

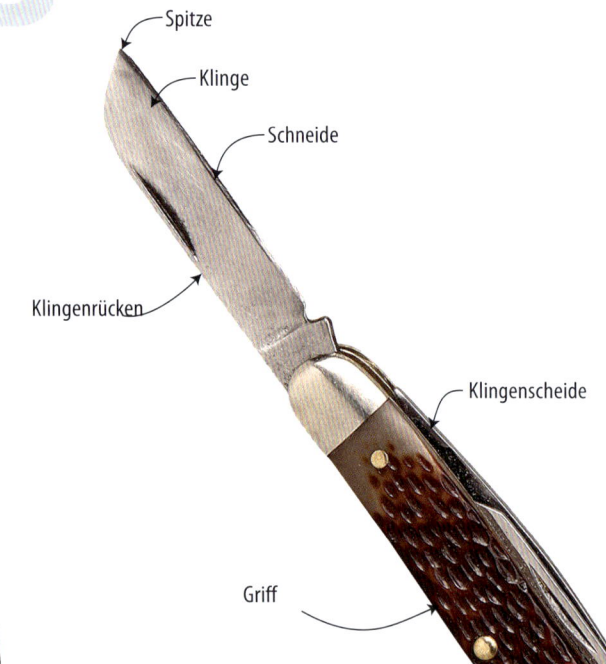

Spitze
Klinge
Schneide
Klingenrücken
Klingenscheide
Griff

Regeln für den Umgang mit Taschenmessern

Halte dein Taschenmesser immer zusammengeklappt in deiner Tasche, wenn du es nicht verwendest.

- Niemals ein offenes Messer mit dir herumtragen.

- Das Messer nie werfen.

- Das Messer immer zuklappen, bevor du es jemand anderem gibst.

- Das Messer niemals zum Herausstemmen verwenden.

- Dein Messer nie in die Schule mitnehmen.

- Dein Messer sauber und trocken halten.

Wie man ein Taschenmesser sicher öffnet und schließt

Bei deinen ersten paar Versuchen solltest du einen Erwachsenen dabeihaben.

Das Messer öffnen (bei Rechtshändern)

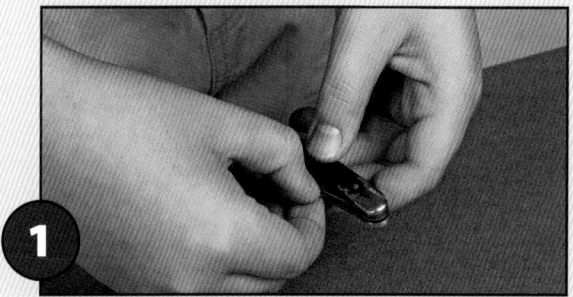

Halte das Messer in deiner linken Hand und stecke den Nagel des Daumens deiner rechten Hand in den Nagelschlitz.

Zieh die Klinge mit deiner rechten Hand heraus.

Zieh die Klinge soweit nach hinten, bis sie einrastet.

Das Messer schließen (bei Rechtshändern)

Halte das Messer in deiner rechten Hand, die Finger weg von der Klinge. Halte die Finger deiner linken Hand hinter der Klinge.

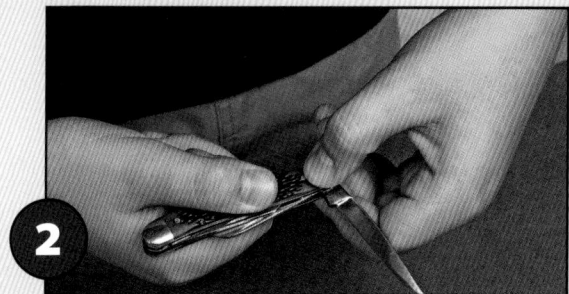

Drücke nun die Klinge sanft nach vorne, wobei du deine Finger stets auf der Rückseite der Klinge hältst.

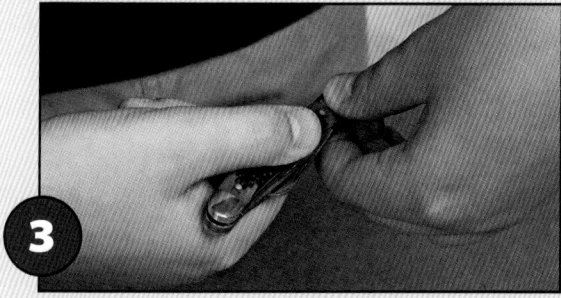

Drücke die Klinge weiter nach vorne, bis sie einschnappt.

Schnitzmesser

Bei einem feststehenden Schnitzmesser ist die Klinge fix im Griff verankert. Die meisten erfahrenen Holzschnitzer verwenden diese Art von Messer. Wenn du ein Schnitzmesser kaufst, dann sollte es eines sein, dessen Klinge nicht länger als 40 mm ist. Diese Art von Messer ist sehr gut handhabbar und leicht zu schleifen. Wenn man richtig damit umgeht, dann bleibt es normalerweise lange scharf, bevor man es das erste Mal schleifen muss.

Klinge

Griff

Sicherheitshinweise bei Werkzeugen

Denke immer an diese beiden Sicherheitsregeln beim Umgang mit Schnitzwerkzeugen:

1. Sorge dafür, dass deine Werkzeuge immer rasiermesserscharf sind. Ein scharfes Werkzeug ist beim Durchschneiden von Holz leichter zu handhaben als ein stumpfes.

2. Bleib immer konzentriert und sei dir stets bewusst, wo dein Körper und deine Gliedmaßen sich im Verhältnis zur Werkzeugklinge befinden. Platziere die Klinge so, dass es zu keinen Verletzungen kommen kann.

Fertigkeiten:
Mit einem Messer schneiden

In diesem Abschnitt behandeln wir alle möglichen Schnitte, die man mit jedem der Messer machen kann, die auf den Seiten 38–42 beschrieben wurden (auch wenn auf den Fotos jeweils nur das feststehende Messer abgebildet ist).

Vergiss nicht, dass du beim Schnitzen die Schnitte nicht mit deinem Arm machst; alle Schnitte sollen einzig mit den Muskeln deiner Hand gemacht werden. Auch sollte die Hand, die das Messer hält, immer Kontakt mit dem Holz haben.

Wir beginnen mit dem Zugschnitt und dem Druckschnitt, da diese am häufigsten benötigt werden. Bei jeder Übung wird dir gezeigt, wie du das Messer halten musst, um einen bestimmten Schnitt zu machen.

Wichtig: Es sollte immer ein Erwachsener bei dir sein, wenn du deine Schnitzwerkzeuge verwendest.

Bereite alle Materialien vor. Du brauchst ein dünnes Stück Lindenholz, ein Messer deiner Wahl, einen Schnitzhandschuh und einen Daumenschützer. Zieh deinen Schnitzhandschuh an und zieh den Daumenschützer über, bevor du mit dem Schnitzen loslegst. Aber auch wenn du Schutzvorkehrungen triffst, solltest du niemals deine Hände oder Finger irgendwo haben, wo sie durch das Messer verletzt werden könnten.

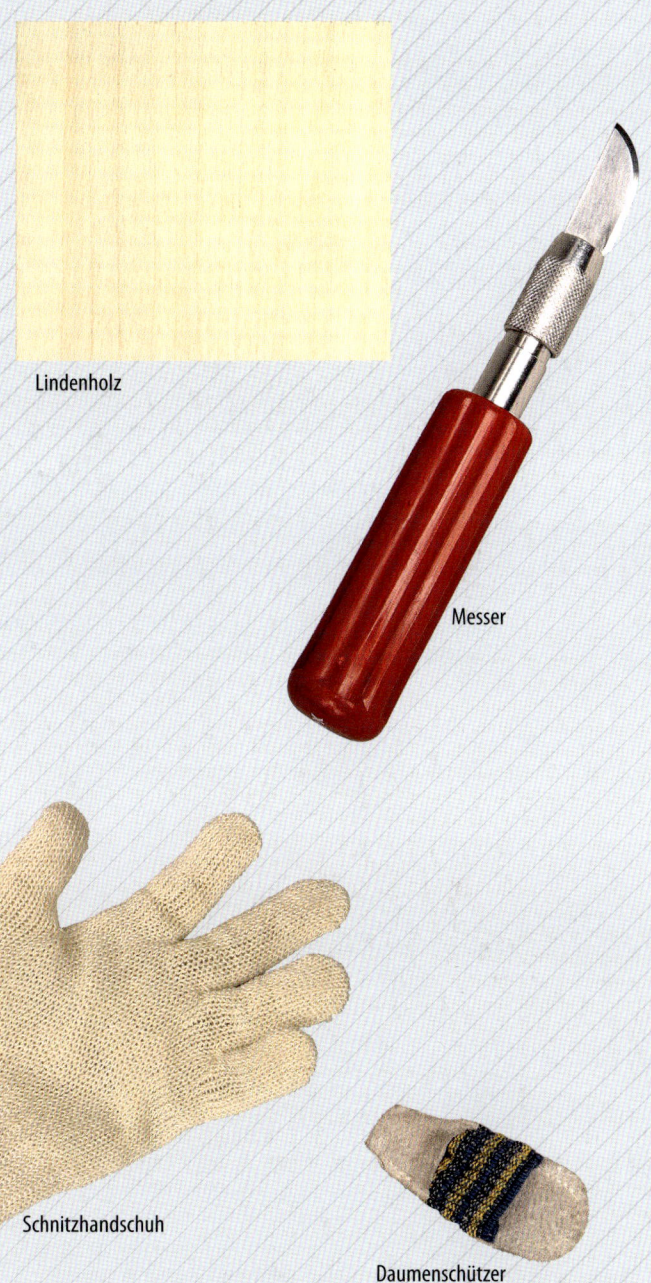

Lindenholz

Messer

Schnitzhandschuh

Daumenschützer

Fertigkeiten:
Zugschnitt

Der Zugschnitt ist der am häufigsten verwendete Schnitt beim Schnitzen. Er wird auch Schälschnitt genannt, weil man dabei das Messer wie beim Schälen eines Apfels oder einer Kartoffel hält.

Mach am Anfang kleine Schnitte, damit du eine bessere Kontrolle hast. Übe diesen Schnitt so lange, bis du ihn gut beherrscht.

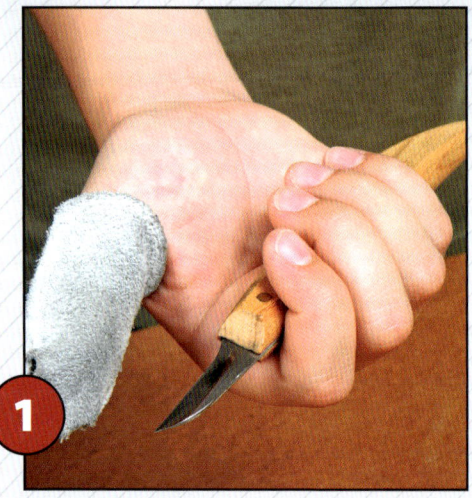

Das Messer halten
Halte das Messer so, dass die Schnittkante der Klinge zu deinem Daumen zeigt. Dann ballst du deine Finger um den Messergriff.

Das Messer ziehen
Drehe das Messer um und lege deinen Daumen auf eine sichere Position auf dem Holz, in der Nähe jener Position, wo die Klinge aus dem Holz austreten soll. Ziehe das Messer durch das Holz mithilfe deiner Handmuskulatur, indem deine Finger das Messer in die Richtung umschließen, in die du es ziehen willst.

Fertigkeiten: Druckschnitt

Nimm dir die nötige Zeit, diesen Schnitt zu lernen. Es gibt bei einer Schnitzarbeit viele Bereiche, bei denen dieser Schnitt viel besser funktioniert als der Zugschnitt. Übe den Druckschnitt so lange, bis du ihn gut beherrscht.

Das Messer halten
Halte das Messer so, dass die Schnittkante von dir weg zeigt. Dann umschließt du den Griff des Messers und drehst deine Hand so, dass die Handfläche nach unten zeigt.

Die Daumen platzieren
Lege deinen rechten Daumen auf die Rückseite der Klinge, dann lege den linken Daumen ebenfalls auf die Rückseite der Klinge, wobei die beiden Daumen sich berühren sollten.

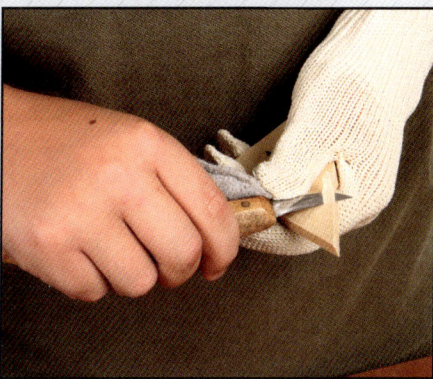

Die Klinge andrücken
Drücke nun die Klinge mit deinen Daumen durch das Holz.

Lasse das Messer nicht zwischen die Fasern kommen

Wenn du schnitzt, dann schneide immer so, dass das Messer nie zwischen die Gefäße (die Holzfasern) ins Holz dringen kann. Um dir zu zeigen warum, habe ich dieses Holzstück quer zur Faserung geschnitten.

Die Linie zeigt die Laufrichtung der Faserung an.

Wenn ich so schneide, dass die Klinge meines Schnitzwerkzeugs zwischen die Fasern dringt, dann wird sich das Holz spalten, und ich verliere die Kontrolle über den Schnitt.

Wenn ich quer zur Faserung schneide, habe ich stets die Kontrolle über den Schnitt und werde eine glatte Schnittfläche bekommen.

Du kannst Zeit sparen und verhindern, dass sich das Holz spaltet, indem du Zug- und Druckschnitte gut übst. Beim Holzstück unten soll veranschaulicht werden, wie man von jeder Seite aus schneiden kann und saubere Schnitte zustande bringt, ohne dass man das Werkstück umdrehen muss. (Die Faserung verläuft in Pfeilrichtung.)

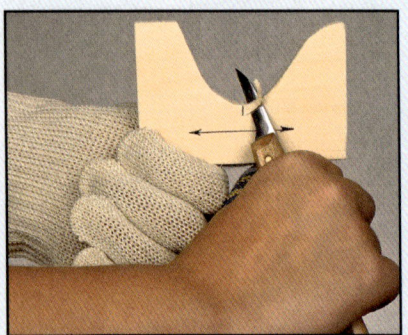

Verwende einen Zugschnitt, um nach unten zu schneiden. Wenn dein Messer ganz unten angekommen ist, wird es versuchen, zwischen die Holzfasern zu dringen.

Mach einen Druckschnitt von der anderen Seite.

Wenn du ganz unten angekommen bist, wird das überflüssige Holz herausfallen und du hast glatte Schnitte in beiden Richtungen nach unten.

Fertigkeiten:
Stoppschnitt

Der Stoppschnitt wird verwendet, um einen Bereich des Holzes, den man entfernen möchte, von einem Bereich, den man nicht entfernen möchte, zu trennen. Da ein Stoppschnitt im rechten Winkel zu den anderen Schnitten steht, die du machst, kannst du auch in dessen Richtung schneiden, ohne in Holz zu schneiden, das du gar nicht entfernen möchtest.

Jedes Werkzeug, das Holz schneidet, kann einen Stoppschnitt machen. Die am häufigsten verwendeten Werkzeuge sind ein Messer, ein Schnitzeisen oder eine Säge. Wenn du ein Messer verwenden möchtest, dann halte es so, wie du einen Bleistift beim Zeichnen einer Linie halten würdest. Zur Unterstützung bei einem Stoppschnitt mit einem Messer kannst du die Finger deiner linken Hand auf den Klingenrücken legen.

Mit dem Schnitt beginnen
Halte das Messer wie einen Bleistift, die Klinge im rechten Winkel zum Holz, und schneide gerade durch das Holz. Wenn du einen tiefen Stoppschnitt willst, versuche nicht, ihn in einem Schnitt zu erreichen, sondern mache mehrere Schnitte auf derselben Linie.

Bis zur gewünschten Tiefe schneiden
Nun kannst du das Holz bis hin zum Stoppschnitt entfernen, ohne das Holz, das du behalten möchtest, zu beeinträchtigen. Kippe die Klinge und entferne das Ausschussholz bis hinauf zum Stoppschnitt. Du benötigst auch keinen Daumenschützer beim Herausschneiden der Späne. Du benötigst einzig einen Handschuh und einen Daumenschützer, wenn du das Stück, das du schnitzt, während des Schnitzens in der Hand hältst.

Fertigkeiten:
Begrenzungsschnitt

Der beste Weg, diesen Schnitt zu erlernen, besteht darin, ein S locker auf ein Brett zu schreiben. (Dein Ziel ist es, das S zu entfernen und die Bleistiftlinie genau in der Mitte des entfernten Stückes zu haben.) Bei Begrenzungsschnitten solltest du dein Messer so wie bei Stoppschnitten halten.

Die eine Seite schneiden
Platziere das Messer etwa 0,2 cm entfernt von einer Seite des S, dann kippe es in einem Winkel von ca. 45° weg von der Linie. Zieh dein Messer durch das Holz entlang der Linie und halte dabei beim Schneiden jeweils den gleichen Abstand von der Linie.

Die andere Seite schneiden
Platziere dein Messer auf der anderen Seite der Linie und im gleichen Abstand zur Linie. Dann kippst du das Messer wieder in einem Winkel von 45° weg von der Linie. Ziehe dein Messer durch das Holz und entferne das S. Ist die Bleistiftlinie nun genau in der Mitte des entfernten Stückes? Übe so lange, bis du das problemlos machen kannst.

Fertigkeiten: Kerbschnitt

Dieser Schnitt ist ähnlich dem Stopp-schnitt, wird aber normalerweise an einer Stelle angebracht, an der man eine Linie ins Holz schnitzen möch-te oder an der man ein Stück Holz abbrechen möchte.

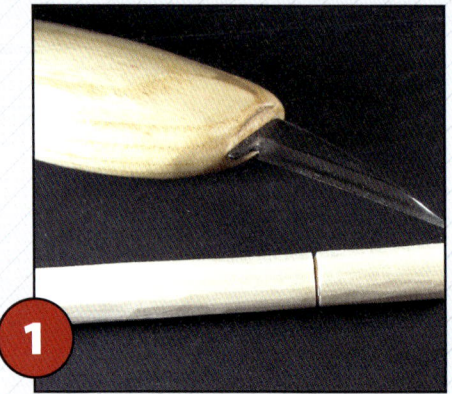

Die Linie einschneiden
Halte das Messer so wie bei einem Stoppschnitt, dann schneide in einer Linie das Holz halb durch.

Das Holz abbrechen
Brich das Holz dort, wo du den Kerbschnitt gemacht hast.

Fertigkeiten: Spanschnitt

Ein Spanschnitt besteht aus drei Schnitten, die jeweils einen dreieckigen Holzspan freilegen. Diesen Schnitt verwendet man, um manchen der Projekte in diesem Buch ein dekoratives Design zu verleihen.

Zuerst einmal werden zwei gerade Linien auf einem Stück Restholz ausgemessen und gezeichnet. Diese sollten ca. 6 mm von-einander entfernt und etwa 8 cm lang sein. Mache entlang der oberen Linie alle 6 mm kleine Markierungen. Mache das Gleiche auf der unteren Linie, wobei du die erste Markierung etwa 3 mm von der oberen Markierung entfernt setzt. Dann zeichnest du mithilfe dieser Markierungen Dreiecke.

Die erste Seite einschneiden
Das Messer in einem Winkel von zirka 45° kippen und so wie auf dem Foto halten, wo-bei sich der Daumen auf dem Holz befinden sollte. Schneide die erste Seite eines Dreiecks hinunter zur Grundlinie.

Die zweite Linie einschneiden
Das Messer um 45° in die andere Richtung kippen und die Hand wie auf dem Foto positionieren. Dann entlang der zweiten Seite schneiden.

Die Unterseite einschneiden
Das Messer erneut kippen und an der Unterseite des Dreiecks ent-langschneiden, dann den Holzspan entfernen.

Hohlmeißel

Ein Hohlmeißel ist ein Werkzeug mit einer gekrümmten, muldenförmigen Schneide. Die Krümmung des Hohlmeißels ist unterschiedlich ausgeprägt. Hohlmeißel mit größerer Krümmung können mit einer Bewegung tiefere Schnitte ausführen als solche mit kleineren Krümmungen.

Hohlmeißel sind sehr nützlich beim Schnitzen. Sowohl Messer als auch Hohlmeißel können viele gleiche Schnitte machen. Es gibt drei grundlegende Schnitte, die man mit dem Hohlmeißel machen kann: den Konkavschnitt, bei dem man einen Kanal in das Holz schneidet; den Konvexschnitt, bei dem man das Werkzeug umdreht und so eine Oberfläche abrundet; und den Einstichschnitt, bei dem man das Werkzeug ähnlich dem Stoppschnitt ins Holz treibt. Für die Projekte in diesem Buch werden wir nur den Konkavschnitt und den Einstichschnitt verwenden. Um einen Hohlmeißel unter Kontrolle zu halten, musst du darauf achtgeben, dass die Außenkanten der Schneide nicht unter die Holzoberfläche kommen.

Aufbau eines Hohlmeißels

Hohlmeißel und Schnitzeisen (z. B. Geißfuß) bestehen aus den folgenden Einzelteilen:

Griff—normalerweise aus Hartholz; kann rund, sechseckig oder rechteckig und verschieden groß sein.

Ringfassung—ein Metallring oder eine Metalleinlage, die den Griff verstärkt.

Erl—der Teil der Schneide, der das Werkzeug mit dem Griff verbindet; er wird in ein Loch im Griff eingesetzt.

Schneide—das Hauptteil des Werkzeugs.

Äußerer Schliff—der Winkel, der die Schnittkante formt; der Bereich zwischen Sole und Ferse.

Sole—die Vorderseite der Schnittkante.

Ferse—der Hinterteil der Schnittkante.

Innerer Schliff—der kleine Winkel auf der Innenseite der Schnittkante; verstärkt die Schnittkante.

Flanken—die Außenkanten der Schneide; die Breite eines Werkzeugs wird von Flanke zu Flanke gemessen.

Ansatz—der breite Teil der Schneide am Unterteil des Erls; verhindert, dass die Schneide in den Griff eindringt.

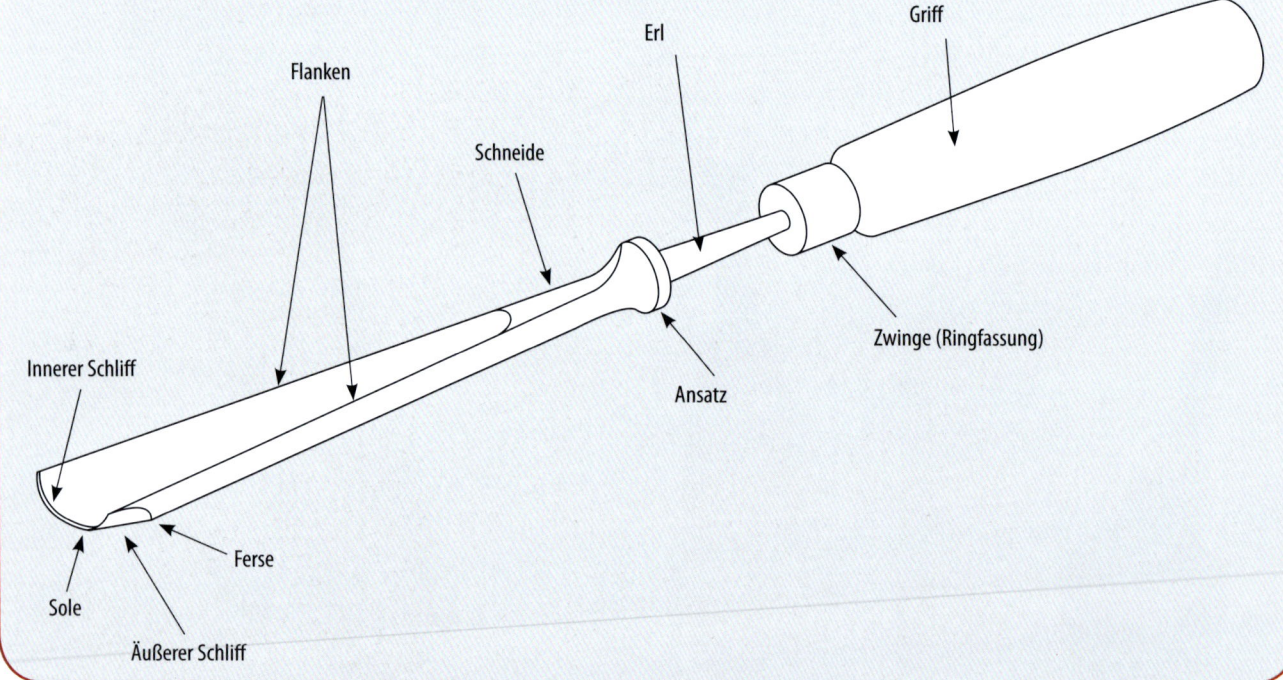

Fertigkeiten: Schnitt mit einem Hohlmeißel

Die hier gezeigte Methode ist eine allgemeine Methode zur Entfernung von Holz. Du kannst die gleiche Methode auch mit einem Schnitzeisen anwenden. Bevor du loslegst, platziere ein Stück Holz in eine Schraubzwinge oder in einen Schraubstock oder auf einer Werkbank.

1

Andrücken
Drücke den Hohlmeißel in das Holz.

2

Den Schnitt fortsetzen
Während du weiter nach vorne drückst, senke den Griff in Richtung Holzoberfläche ab, damit sich das Werkzeug aus dem Holz herausbewegt.

3

Niemals herausstemmen
Stoße niemals das Werkzeug in das Holz und stemme dann das Holz heraus. Wenn du das machst, wirst du damit die Gefäße zerreißen und keinen glatten Schnitt zustande bringen. Herausstemmen kann auch dazu führen, dass die Schnittkante des Werkzeugs bricht.

Einen Hohlmeißel halten

Halte niemals das Holz in deiner Hand, wenn du mit einem Hohlmeißel oder einem Schnitzeisen schnitzt. Das gilt für alle Übungen und Projekte in diesem Buch! Klemme das Holz immer mit einem Schraubstock oder einer Schraubzwinge fest, verwende eine Werkbank oder platziere das Holz auf rutschfestem Material, so wie auf dem Bild hier.

Wenn das Holz fixiert worden ist, nimm den Werkzeuggriff in deine rechte Hand. Zur zusätzlichen Kontrolle platziere zwei Finger deiner linken Hand oben auf dem Schaft; der Daumen befindet sich unter dem Schaft. Der Ballen deiner linken Hand oder der Zeige- und Mittelfinger der linken Hand sollten immer auf dem Werkstück ruhen, während du schnitzt.

Fertigkeiten: Entfernen von Holz bis zu einem Stoppschnitt

Wir kommen hier nun zu einer allgemeinen Methode zur Entfernung von Holz. Du kannst diese Methode auch mit einem Schnitzeisen anwenden. Bevor du beginnst, gib ein Stück Holz in eine Schraubzwinge oder in einen Schraubstock oder platziere es auf einer Werkbank.

1 **Den Stoppschnitt machen**
Verwende dein Messer, um einen Stoppschnitt zu machen (siehe Beschreibung in „Stoppschnitt" auf Seite 53).

2 **Den Hohlmeißel andrücken**
Halte den Hohlmeißel in deiner rechten Hand, wie auf Seite 57 beschrieben, und platziere die Schnittkante etwa 2,5 cm vom Stoppschnitt entfernt. Drücke den Hohlmeißel in das Holz hinein und entferne das Stück bis hin zum Stoppschnitt.

3 **Den Holzspan entfernen**
Der Holzspan sollte von selbst herausfallen.

Fertigkeiten: Einen Einstichschnitt machen

Verwende den Einstichschnitt, um furchenförmige Abdrücke ins Holz zu schnitzen. Halte dazu den Hohlmeißel so wie immer.

Den Hohlmeißel ins Holz drücken
Setze den Hohlmeißel auf dem Holz an und drücke ihn dann hinein. Du kannst ihn dabei leicht hin und her bewegen, um das Hineindrücken zu erleichtern. Drehe den Holzmeißel herum oder setze mehrmals an, um einen vollständigen Kreis zu beschreiben.

Schnitzeisen (Geißfuß)

Ein Schnitzeisen, auch Geißfuß genannt, hat eine V-förmige Schnittkante. Dieses Werkzeug wird zum Umreißen einer Schnitzarbeit sowie für dekorative Schnitte verwendet. Ein Schnitzeisen besteht aus denselben Einzelteilen wie der Hohlmeißel.

Anders als Hohlmeißel werden Schnitzeisen nicht nach Nummern eingeteilt, sondern nach dem Grad des Schnittwinkels. Sie sind in den folgenden Winkeln erhältlich: 30°, 35°, 45°, 55°, 60°, 75°, 90°, 100° oder 120°. Am beliebtesten ist der 60°-Schnittwinkel.

Fertigkeiten: Mit einem Schnitzeisen Holz entfernen

Die Benutzung eines Schnitzeisens ähnelt dem Umgang mit dem Hohlmeißel. Beide Werkzeuge werden gleich gehalten. (Siehe „Einen Hohlmeißel halten" auf Seite 57.)

Für diese Übung geben wir zunächst einmal ein Stück Holz in eine Schraubzwinge oder einen Schraubstock oder auf eine Werkbank. Zeichne eine wellenförmige S-Linie auf das Brett.

1

Das Schnitzeisen andrücken
Entferne das wellenförmige S mit deinem Schnitzeisen. Gib acht, dass die Bleistiftlinie in der Mitte des Holzstücks bleibt, das du entfernst.

2

Üben
Schnitze mit derselben Technik weiter. Wenn du es schaffst, dass die Linie in der Mitte des entfernten Stückes bleibt, dann hast du dein Schnitzeisen im Griff.

Schleifwerkzeuge

In diesem Abschnitt werden wir uns einige übliche Schleifwerkzeuge anschauen, z. B. Schleifsteine, Schleifpapier, Schleifpasten, Streichriemen und eine Schleiffeile . Wir werden außerdem auch die Grundlagen des Schleifens von Schnitzwerkzeugen besprechen. Scharfe Werkzeuge sind eine Grundvoraussetzung beim Schnitzen. Stumpfe Werkzeuge sind viel gefährlicher als scharfe Werkzeuge. Ein scharfes Werkzeug schneidet Holz leicht, sodass man sich auf den Schnitt konzentrieren kann. Bei einem stumpfen Werkzeug muss man sich darauf konzentrieren, wie viel Druck man braucht, um das Werkzeug durch das Holz zu treiben. Wenn du dann mit dem Werkzeug abrutschst, kannst du dich leicht schneiden.

Ein scharfes Werkzeug hinterlässt dort eine glatte Oberfläche, wo man schneidet. Ein stumpfes Werkzeug hingegen wird das Holz aufreißen und eine raue Oberfläche zurücklassen.

Mehr über das Schleifen

Es gibt eine Reihe von Büchern die dir alles, was du über das Schleifen von Schnitzwerkzeugen wissen musst, beibringen können.
Ein Beispiel ist das Buch **Kerbschnitzen** *aus dem Leopold Stocker Verlag.*

Schleifsteine und Schleifpapier

Es gibt viele verschiedene Arten von Schleifsteinen, um deine Werkzeuge zu formen und zu schleifen. Die Üblichsten sind dabei Basaltglas, Wetzsteine, Diamantläpper und Arkansas-Schleifsteine. Schleifpapier ist ebenfalls ein effektives Material zum Schleifen deiner Werkzeuge.

In diesem Buch verwenden wir Schleifpapier, aber jeder dieser Steine kann deine Werkzeuge schleifen. Wenn du einen Schleifstein verwendest, folge den Anweisungen des Herstellers zur Benutzung.

Einige Schleifmaterialien schleifen schneller als andere. Manche benötigen Wasser auf der Oberfläche während du schärfst, einige brauchen Öl, manche kann man trocken verwenden oder ohne irgendetwas auf die Oberfläche zu tun. Es ist eigentlich egal, welches Material du verwendest. Allein die Technik ist es, die dein Werkzeug wieder scharf macht.

Schleifpapier und ein selbst gemachtes Schleifpapier-Schleifwerkzeug.

Egal wofür du dich entscheidest, alle Schleifmaterialien enthalten eine Art von Schleifmittel, Körnung genannt. Die Körnung ist es, die Metall von deinen Werkzeugen entfernt, wenn du sie schleifst. Die Körnung kann aus Diamant, Silit, Aluminiumoxid, Keramik oder Novakulit bestehen.

Die Größe der Körnung bestimmt, wie schnell Metall abgeschliffen wird. Je größer die Körnungsgröße, umso schneller wird das Metall abgeschliffen. Mit einer großen oder groben Körnung wird schnell Material abgeschliffen, es bleiben aber große Kratzer auf der Schneide oder dem Werkstück. Du musst dann feinere Körnungen verwenden, um diese Kratzer zu entfernen und ein scharfkantiges Werkzeug zu erhalten. Ein richtig geschliffenes Werkzeug hat eine Klinge, die so glatt ist, dass sie wie ein Spiegel aussieht. Die glatte Oberfläche wird den Widerstand der Werkzeugschneide verringern, wenn diese durch Holz gleitet.

Ich empfehle Schleifpapier, wenn du das erste Mal deine Werkzeuge schleifst, da es in vielen verschiedenen Körnungen günstig in jedem Eisenwarenladen oder Baumarkt erhältlich ist. Die Verwendung verschiedener Körnungen erlaubt dir, mit deinen Werkzeugen vom Schärfen bis zum Polieren alles zu machen.

Diamantplatte

Wetzstein

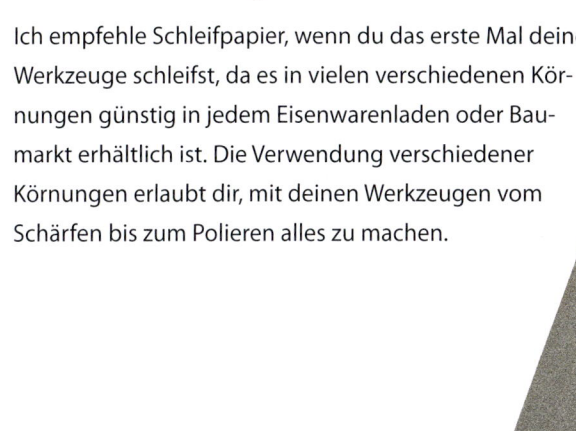

Zweiseitiges Basaltglas

Zweiseitiger Wetzstein

Ein Schleifwerkzeug aus Schleifpapier machen

Mithilfe einer Spanplatte und Schleifpapier kannst du dir leicht selbst ein tolles Schleifwerkzeug herstellen. Du benötigst dafür eine Spanplatte von etwa 10 cm x 25 cm. Wenn du kein Stück in dieser Größe parat hast, dann bitte einen Erwachsenen, eines für dich zuzuschneiden.

Und so machst du das Werkzeug: Schneide ein 400-körniges Blatt Schleifpapier in zwei Teile. Verwende einen Klebestift, um das halbierte Blatt auf ein flaches Stück Spanplatte derselben Größe zu kleben.

Wenn das Schleifpapier abgenutzt ist, ziehe es einfach ab und ersetze es mit einem neuen.

Wenn dir keine Spanplatte zur Verfügung steht, klebe einfach Schleifpapier auf Farbrührstäbe. Zwar ist die Arbeitsfläche kleiner, aber es funktioniert trotzdem. Klebe jeweils Schleifpapier mit einer anderen Körnung auf jede Seite jedes Farbrührstabs.

Wann ein Messer geschliffen werden muss

Bevor du dein Werkzeug schleifst, solltest du es testen. Ein ordentlich geschliffenes Messer sollte auf beiden Seiten der Klinge gerade sein, die Schnittkante sollte so scharf sein, dass du sie gar nicht sehen kannst; es sollte problemlos durch Holz dringen und nach dem Schnitt eine glatte Oberfläche hinterlassen.

Eine gute Sichtprüfung besteht darin, die Schnittkante in hellem Licht anzusehen; du solltest nicht in der Lage sein, die Schnittkante zu sehen. Wenn Reflektionen des Lichtes irgendwo auf der Klinge sichtbar werden, dann ist die Kante stumpf.

Hier ist noch eine andere Methode, um dein Messer zu überprüfen: Zieh einen Schnitzhandschuh und einen Daumenschützer an. Schneide quer über die Faserung eines Holzstücks, um zu sehen, ob die Klinge geschliffen werden muss. Wenn die Schnitte des Messers eine glatte, glänzende Oberfläche hinterlassen, dann ist das Messer gut geschliffen.

Wenn das Messer zwar schneidet, aber das Holz dabei aufreißt, muss es geschliffen werden. Fang mit einem Schleifpapier der Körnung 600 an und zieh das Messer darüber ab. Wenn das Messer dann nicht richtig schneiden will, versuche es mit 320-körnigem Schleifpapier. Danach wechselst du zur Körnung 400 und 600 und ziehst damit das Messer ab. Wenn die Klinge stumpf ist oder Kerben aufweist, musst du den Schleifvorgang mit 320-körnigem Schleifpapier beginnen.

Fertigkeiten: Das Messer schleifen

Bevor du mit dem Schleifen beginnst, stelle sicher, dass du alle nötigen Gegenstände zur Hand hast. Mach dir deine eigenen Schleifpapierwerkzeuge bzw. bereite deine Schleifsteine den Maßgaben der Hersteller entsprechend vor.

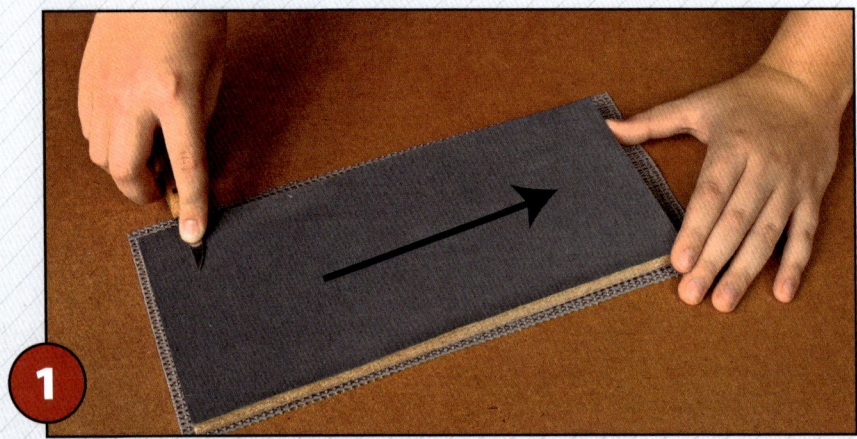

Platziere das Messer
Lege die Messerklinge flach auf den rechten Rand des Schleifpapiers. Die Schnittkante der Klinge sollte dabei nach rechts zeigen. Drücke deinen Zeigefinger auf die Klinge, um sie flach auf dem 320-körnigem Schleifpapier zu halten.

Schleife eine Seite
Ziehe nun das Messer vom rechten zum linken Rand des Schleifpapiers.

3 Weiterschleifen

Wiederhole den Vorgang so lange, bis die Klinge auf dieser Seite richtig geformt ist.

4 Seiten wechseln

Dreh die Klinge um und lege sie flach auf den linken Rand des Schleifpapiers, wobei die Schnittkante nach links zeigen sollte.

5 Mach mit anderen Körnungen weiter

Ziehe das Messer vom linken zum rechten Rand, bis die Klinge auf dieser Seite die richtige Form hat. Wenn du mit dem Schleifen der Klinge fertig bist, wiederhole den Vorgang auf 400-körnigem Schleifpapier, bis alle groben Abschleifungen von der Klinge entfernt wurden. Wiederhole den Vorgang nochmals mit 600-körnigem Schleifpapier, bis die Klinge wie poliert aussieht. Nun ist es an der Zeit, die Klinge abzuziehen.

Fertigkeiten: Wie man einen Hohlmeißel schleift

Nähere dich dem Schleifstein mit dem Hohlmeißel so, als ob du den Schleifstein schnitzen wolltest. Wenn er auf diese Weise den Stein berührt, dann hast du den richtigen Winkel.

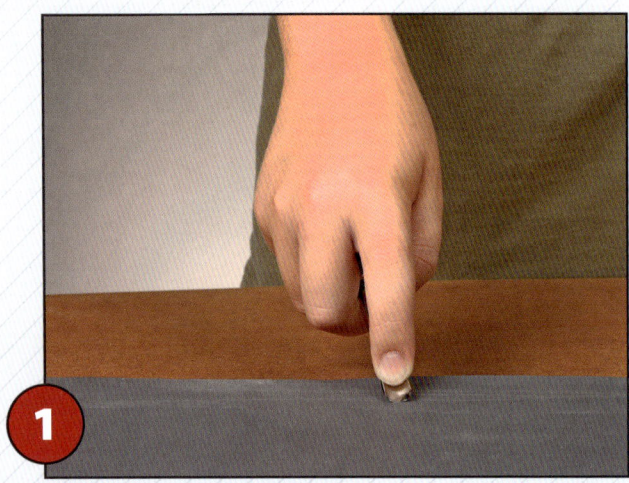

1

Versteife das Handgelenk
Versteife dein Handgelenk, um den Winkel beizubehalten.

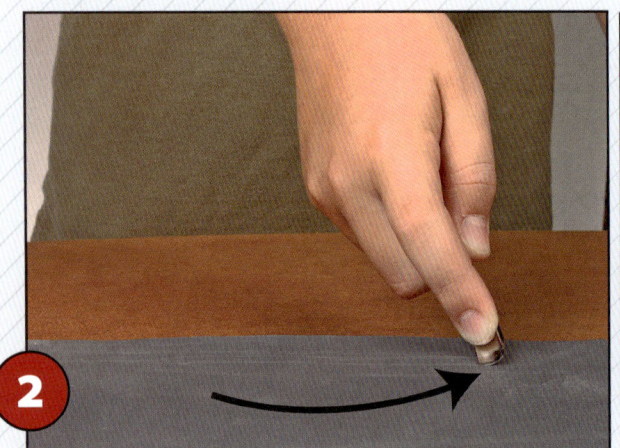

2

Schleifen
Lass den Hohlmeißel auf dem Stein vor- und zurückgleiten.
Während du ihn gleiten lässt, folge dem Profil des Hohlmeißels
und schwenke den Hohlmeißel von einer Flanke zur anderen.

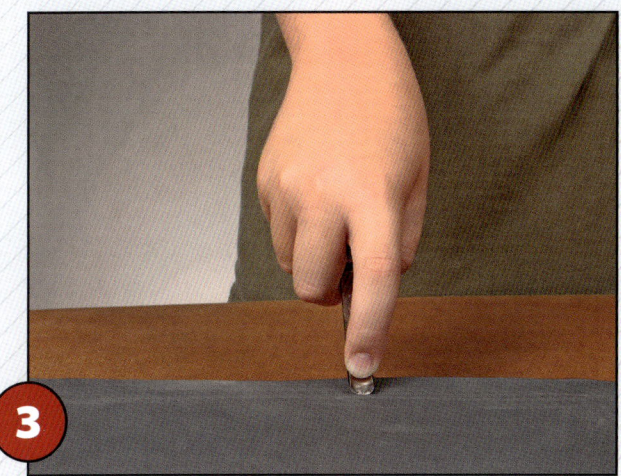

3

Einen Schnittgrat bilden

Lass den Hohlmeißel weiter über den Stein gleiten, bis sich ein Schnittgrat auf der gesamten Innenseite des Hohlmeißels bildet. (Ein Schnittgrat bildet sich, wenn Metall so dünn wird, dass es beginnt, sich zu rollen.)

4

Den Schnittgrat überprüfen

Um einen Schnittgrat zu erfühlen, fahre mit deinem Finger vorsichtig über den Schnittgrat. Fahre niemals mit deinem Finger in die Schnittkante.

5

Den Schnittgrat entfernen

Falte ein Blatt 600-körniges Schleifpapier in Viertel und mache es rund, sodass es in das Innere des Hohlmeißels hineinpasst. Ziehe das Innere des Hohlmeißels einige Male über das Schleifpapier, bis du den Schnittgrat nicht mehr fühlen kannst. Dann fährst du mit dem Abziehen des Hohlmeißels fort.

Fertigkeiten: Wie ein Geißfuß geschärft wird

Ein Geißfuß umfasst drei Werkzeuge in einem. Jede Flanke ist ein Flacheisen und in der Mitte befindet sich ein kleiner Hohlmeißel. Wenn du das Werkzeug schärfst, solltest du das in drei Schritten tun: zunächst die Flanken und dann den Hohlmeißel.

1

Den Winkel fixieren
Nähere dich dem Schleifstein mit der linken Flanke, und zwar so, als wenn du den Stein meißeln möchtest. Wenn Du die linke Flanke fixiert hast, versteife das Handgelenk. Stelle sicher, dass die Flanke flach auf dem Schleifstein liegt.

2

Schärfen der linken Flanke
Lege deinen Zeigefinger auf die Innenseite der Flanke, um das Werkzeug kontrollieren zu können. Lasse die Flanke zurückgleiten und schiebe diese über den Stein hin und her. Kontrolliere die Oberfläche derjenigen Stellen der Flanke, die du bearbeitet hast.

3

Schärfen der rechten Flanke

Wenn die linke Flanke geschärft ist, gehe an den Stein heran, als wenn du mit der rechten Flanke schnitzen möchtest. Lege deinen Zeigefinger auf die Oberseite der linken Flanke, lasse die Flanke zurückgleiten und führe diese über den Schleifstein hin und her. Wenn beide Flanken geschärft sind, schärfe die Mulde in der gleichen Art und Weise wie beim Hohlmeißel (siehe Seite 66).

4

Entfernen von Schnittgraden

Teste den Schnittgrad im Inneren des Geißfußes so, wie du es beim Hohlmeißel getan hast (siehe Seite 67). Wenn das Innere des Geißfußes Schnittgrade aufweist, lege das Werkzeug auf eine Dreiecksfeile (siehe Seite 75) und schiebe diese über die Oberfläche, um die Schnittgrade zu entfernen, die beim Schleifvorgang entstanden sind. Danach kann die Schneide heruntergenommen werden.

Abziehpaste

Abziehpaste ist ein sehr feinkörniges Schleifmittel, das für die richtige Endschärfe und Polierung der Schneide des Werkzeugs sorgt. Es gibt viele verschiedene Arten von Abziehpaste. Einige geben der Schneidefläche den letzten Schliff und polieren diese schneller als andere; jede Paste aber hat ihren Zweck. Verteile die Abziehpaste auf einem Streichriemen, um deinen Werkzeugen den letzten Schliff zu geben.

Beispiele für Abziehpaste

Karton oder Pappe zum Schärfen eines Hohlmeißels oder eines Geißfußes

Streichriemen

Auf dem Streichriemen wird die Abziehpaste gleichmäßig aufgetragen, um damit dein Werkzeug zu schärfen bzw. polieren. Das Polieren erfolgt entweder nach der Schärfung mit dem Schleifstein oder um die Schneide deines Werkzeugs während des Schnitzens nachzuschärfen. Um das Messer zu schärfen, kannst du ein Stück Leder benutzen. Um deinen Hohlmeißel oder Geißfuß zu polieren, kannst du entweder dickeren Karton oder dickere Pappe verwenden, weil diese der gekrümmten Klinge angepasst werden können.

Du kannst entweder ein Abziehleder erwerben oder selbst eines herstellen. Um ein Abziehleder herzustellen, klebe ein Stück Leder, das etwa 3 mm dick ist (es kann zum Beispiel von einem alten Ledergürtel stammen), auf ein flaches Stück Holz. Ein flaches Rührholz kann hier sehr hilfreich sein.

Lederstreichriemen

Fertigkeiten: Wie das Messer abgezogen wird

Stelle das Arbeitsmaterial, das du benötigst, zusammen, bevor du mit der Arbeit beginnst. Dazu gehören das gekaufte oder ein selbst hergestelltes Abziehleder sowie die Abziehpaste.

1

Die Abziehpaste anwenden
Reibe die Abziehpaste auf das Abziehleder. Dieser Vorgang wird „das Abziehleder präparieren" genannt.

2

Das Messer positionieren
Halte das obere Ende des Abziehleders mit deiner linken Hand. Lege die Klinge des Messers flach auf die Oberfläche des Abziehleders; die Schneidefläche des Messers zeigt dabei nach unten. (Stelle sicher, dass sich die Schneidefläche des Messers nicht zu nahe an deiner linken Hand befindet.) Positioniere den Zeigefinger deiner rechten Hand auf der Klinge.

③ Abziehen

Führe das Messer vom Ende des Abziehleders herauf; übe dabei mit dem rechten Zeigefinger Druck auf die Klinge aus. Wiederhole diesen Vorgang 8- bis 10-mal.

④ Das Gleiche von der anderen Seite

Wenn du das Ende des Abziehleders erreicht hast, drehe die Klinge auf die andere Seite. Lege die Klinge des Messers flach auf das linke Ende des Abziehleders, sodass die Schneidefläche des Messers nach links zeigt. Drücke den Zeigefinder deiner rechten Hand auf die Klinge.

⑤ Fortführen des Abziehens

Ziehe das Messer vom linken zum rechten Ende des Abziehleders. Wiederhole diesen Vorgang 8- his 10 mal.

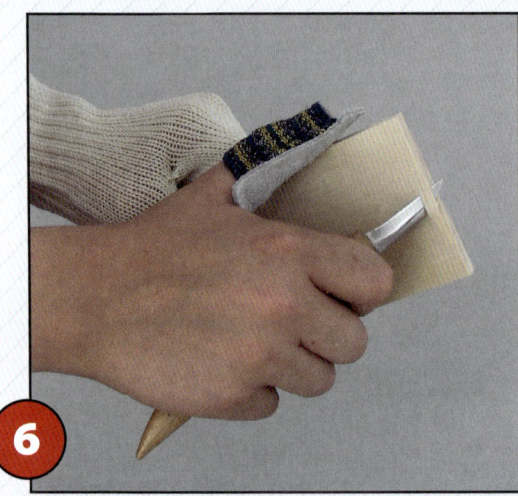

⑥ Das Abziehen beenden

Ziehe jede Seite ein paar Mal ab. Dann solltest du zum Schnltzen bereit sein.

Fertigkeiten: Wie ein Hohlmeißel abgezogen (poliert) wird

Beginne mit der Außenseite des Hohlmeißels und bewege diesen dann zur Innenseite.

1

Die Abziehpaste anwenden
Reibe die Abziehpaste auf ein Stück dickeren Karton oder dickere Pappe.

2

Abziehen der Außenseite
Lege den Hohlmeißel auf den Abziehkarton. Führe diesen auf der Abziehpappe hin und her; folge dabei der Kontur des Hohlmeißels.

3

Abziehen der Innenseite
Falte den Abziehkarton so, dass sie der Innenseite des Hohlmeißels angepasst ist. Platziere den Hohlmeißel dann auf dem Abziehkarton. Führe den Hohlmeißel dann einige Male quer über den Abziehkarton. Dann solltest du zum Schnitzen bereit sein.

Häufiges Schärfen

Jedes Holz enthält sperrige Teile, sodass dein Werkzeug beim Schnitzen langsam stumpfer wird. Wenn dein Werkzeug nach einer Zeit des Schnitzens nicht mehr so schneidet, wie es nach der ersten Schärfung der Fall war, solltest du die Klinge erneut schärfen. Das Schärfen sollte dem Werkzeuge wieder zu einer scharfen Kante verhelfen. Falls es nach der Schärfung immer noch nicht zufriedenstellend schneidet, greife zu 600-körnigem Schleifpapier, um die Schneidefläche der Klinge zuzuschleifen; greife danach zum Abziehkarton.

Fertigkeiten: Wie ein Geißfuß abgezogen (poliert) wird

Wie beim Hohlmeißel wird der Geißfuß zunächst an der Außenseite abgezogen und dann folgt die Innenseite. Wenn du diese Arbeit beendet hast, sollte dein Geißfuß locker durch das Holz gleiten und eine glatte, blanke Oberfläche dort hinterlassen, wo das Holz geschnitten wurde.

Die Abziehpaste anwenden
Verteile Abziehpaste auf einem Stück Kartonrückseite oder auf die Innenseite einer Pappschachtel.

Abziehen der rechten Außenseite
Lege die rechte Außenseite auf den Abziehkarton und lasse diese herauf- und heruntergleiten.

Abziehen der linken Außenseite
Lege die linke Außenseite auf den Abziehkarton und lasse diese hin- und her- und gleichzeitig herauf- und heruntergleiten; folge dabei der Kontur des Geißfußes.

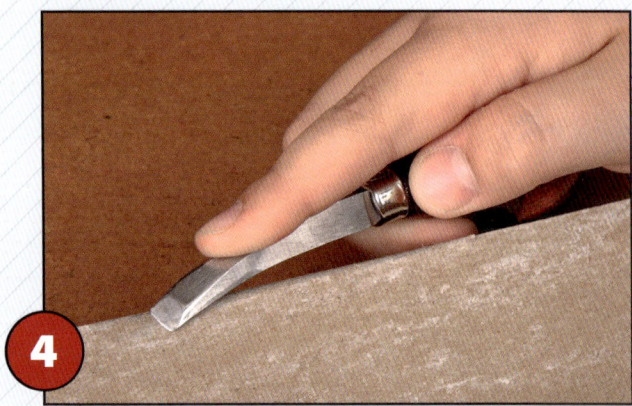

Die Innenseiten der Kanten abziehen
Verteile Abziehpaste am Rand des Abziehkartons. Lege die Innenseite einer der Ecken auf dem Rand des Kartons und ziehe es in deine Richtung ab. Diesen Vorgang fünfmal wiederholen. Das Gleiche mit der anderen Ecke wiederholen.

Schleiffeile

Dieses Werkzeug ist so gestaltet, um Grate von der Innenseite eines Geißfußes entfernen zu können. Die Triangel hat einen 60°-Winkel für Geißfüße mit einem Winkel von 60° oder größer. Für Geißfüße mit einem Winkel von weniger als 60° gibt es andere Werkzeuge, genannt Abziehsteine, die eine engere Abschrägung haben.

Das solltest du beim Schnitzen beachten

- Wenn du ein Werkstück schnitzt, solltest du dir Zeit nehmen und Eile vermeiden.

- Du solltest immer deine Werkzeuge unter Kontrolle halten. Behalte im Auge, dass es sich hier nicht um Spielzeuge handelt; diese sind sehr scharf und du kannst dich leicht schneiden.

- Denke über jeden Schnitt, den du beabsichtigst, im Vorhinein nach. Frage dich selbst: Wo sind deine Hände? Sind die Hände an einem sicheren Ort, wenn das Werkzeug benutzt wird? Was will ich mit dem Schnitt, den ich ansetze, erreichen?

- Deine Schnitte sollten flach sein. Du hast, wenn du flache Schnitte ansetzt, eine größere Kontrolle, als wenn du beim Schneiden zu viel Holz entfernst.

- Wenn deine Hände oder Arme ermüden, lege eine Pause ein. Lege dein Messer beiseite und entspanne dich eine Weile.

- Du solltest vor allem Spaß haben. Erfreue dich am Schnitzen, denn es bereitet Freude, Dinge aus Holz herzustellen.

Bürsten

Bürsten sind nicht nur für den Anstrich da. Du wirst Bürsten auch benötigen, um Staub oder Holzspäne, die durch deine Schnitzarbeit entstanden sind, zu entfernen. Du wirst Bürsten auch benötigen, um Lack aufzutragen.

Zahnbürste

Eine neue oder eine gebrauchte Zahnbürste ist bestens geeignet, um deine Schnitzarbeit von Spänen zu befreien. Die Nylonborsten sind steif, um auch in enge Bereiche hineinzukommen, sind aber nicht so grob, dass sie die Schnitzarbeit beschädigen könnten.

Farbpinsel

Farbpinsel sind in vielen Ausführungen mit unterschiedlichsten Haaren oder Nylonborsten erhältlich. Ganz gleich, welchen Typ du auch immer auswählst: Du solltest sicher sein, dass es sich um einen qualitativ hochwertigen Pinsel handelt. Gute Pinsel werden ihre Form behalten und erlauben dir die Kontrolle über den Farbauftrag. Billige Pinsel tendieren hingegen dazu, ihre Form zu verlieren; sie hinterlassen dann Pinselspuren auf der Malfläche.

Pinsel können aber auch noch in anderer Art und Weise genutzt werden. Verwende einen breiten Pinsel, um Staub und Späne aus deinem Arbeitsbereich zu bürsten. Du kannst ebenfalls einen leicht größeren Pinsel benutzen, um Lack aufzutragen.

Projekte

Seifenboot

Mit Seife zu schnitzen ist ein hervorragender Weg, um Schnitzen zu lernen. Weil wir bei diesem Projekt Seife anstelle von Holz benutzen, müssen wir keine Werkzeuge schärfen; wir werden aber die gleichen Basistechniken verwenden, die wir beim Holzschnitzen kennengelernt haben. Am besten eignet sich ein Stück Kernseife. Diese Seife ist preiswert und leicht zu schnitzen. Überdies schwimmt sie; womit auch dein fertiges Boot schwimmen wird. Wir verwenden ein Kernseifenstück, das etwa 150 g wiegt; es funktioniert aber auch mit anderen Seifengrößen. Nutze nur ein Stück Seife, das verpackt ist. Du solltest die Seife nicht auspacken, bis du mit dem Schnitzen beginnen willst. Andernfalls könnte die Seife austrocknen.

Hinweis für Erwachsene

Dieses Projekt eignet sich bestens, um junge Menschen bei der Arbeit mit Werkzeugen zu unterstützen, mit denen Seife geschnitzt werden kann. Es bietet sich auch die Gelegenheit, zu beobachten, wie diese Werkzeuge benutzt werden. Weisen Sie Ihren Schützling darauf hin, das Werkzeug so benutzen, wie es beim Schnitzen der Fall wäre; also auch alle Sicherheitsvorkehrungen zu beachten, die beim Umgang mit scharfen Werkzeugen ergriffen werden müssen. Wenn sie oder er die richtige Reife haben und auch die nötige Geschicklichkeit zeigen, um scharfes Werkzeug zu benutzen, dann kann zum nächsten Projekt geschritten werden, nämlich der Verzierung eines Schneemanns, bei dem scharfes Werkzeug benutzt wird (siehe S. 84).

Werkzeuge

Großes Back-blech oder einen großen Gefrierbeutel

Filzstift

Selbst gemachtes Universalmesser aus hölzernen Bastelstäbchen oder ein strapazierfähiges Plastikmesser

Selbst gemachter hölzerner Hohlmeißel

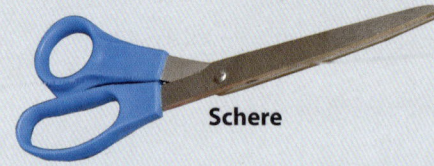

Schere

Schnitzmuster: **Seifenboot**

Material
■ 150-g-Stück Kernseife

Zubehör
■ 1 Strohhalm (für den Mast)
■ 1 Stück Karton (für das Segel)
■ 1 Gummiband

Fertigkeiten
■ Messen und Markieren, S. 36
■ Zugschnitt, S. 50
■ Druckschnitt, S. 51
■ Stoppschnitt, S. 53
■ Schnitt mit einem Hohlmeißel, S. 57

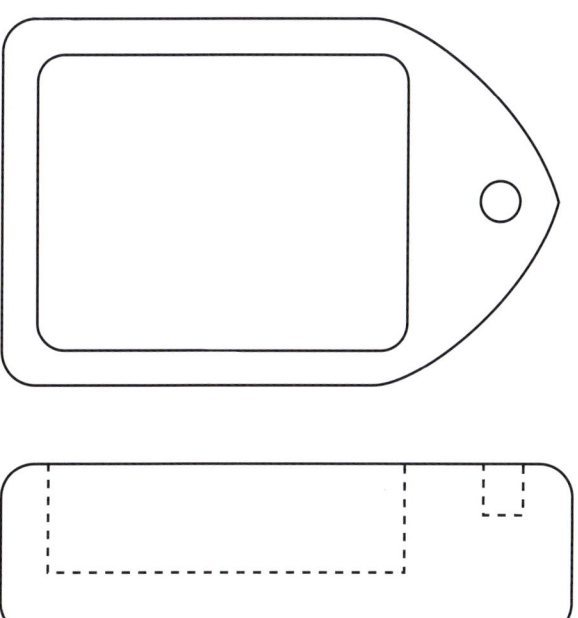

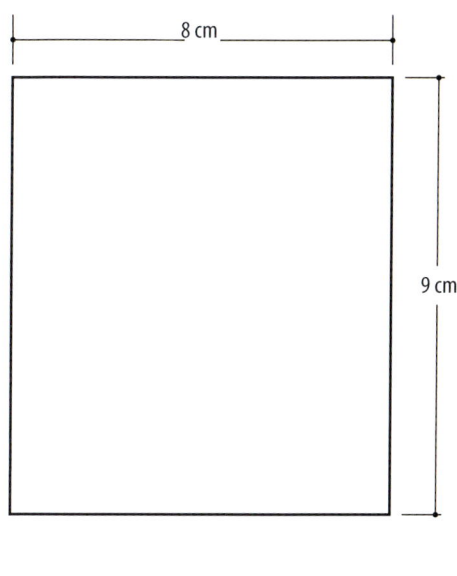

8 cm

9 cm

Baue dein eigenes Seifenschnitz-Werkzeug

Diese Werkzeuge sind einfach herzustellen und eignen sich perfekt zum Seifenschnitzen. Wir werden ein Messer aus hölzernen Bastelstäbchen und einen Hohlmeißel aus einem Rundholzstab herstellen.

Hohlmeißel

1

Was du brauchst:

- etwa vier hölzerne Bastelstäbchen
- einen Rundholzstab mit einem Durchmesser von 15 mm
- eine Bogensäge
- einen Schraubstock
- grobes Sandpapier
- Holzleim
- eine Schraubzwinge
- feines Sandpapier
- einen roten Marker

Um einen Hohlmeißel herzustellen, schneide einen Rundholzstab mit einem Durchmesser von ca. 15 mm auf eine Länge von 120–150 mm zu. Benutze grobes Sandpapier, um an einem Ende etwa die Hälfte des Durchmessers abzuschleifen.

2

3

Nutze eine rote Markierung, um das abgeschliffene Ende des Rundholzstabes zu markieren. Lege den Stab in einen Schraubstock. Entferne das Holz vom abgeschliffenen Ende des Stabs mit einer Raspel oder grobem Sandpapier, das um einen Bleistift gerollt wird.

Entferne das Holz aus dem Inneren des Hohlmeißels bis die rote Markierung ganz verschwunden ist. Schleife das Innere und Äußere des Hohlmeißels mit feinem Sandpapier; dann hältst du einen handlichen Hohlmeißel in Händen.

Messer

1 Fixiere das Bastelstäbchen in einem Schraubstock und säge ein Ende mit einer Laubsäge ab.

2 Forme das abgesägte Ende des Bastelstäbchens, so wie hier zu sehen, indem du es über das grobe Sandpapier ziehst.

3 Fahre fort, das Stäbchen über das grobe Sandpapier zu bewegen, um sowohl das abgesägte Ende als auch die Schnittkante in Form zu bringen. Die Schnittkante sollte 40 mm lang sein.

4 Halte eines der Bastelstäbchen in deinen Händen, um zu sehen, welche Länge bequem ist. Markiere ein Ende, um es in der Länge abzusägen, die du ausgemessen hast. Säge die vier Bastelstäbchen entsprechend ab und schleife die Enden leicht, sodass sie glatt sind. Verteile Kleber auf den Oberflächen, ausgenommen die beiden Außenseiten. Die Reihenfolge sollte sein: zwei der Handgriffe, das Stäbchen mit der Schnittkante und das Stück, das du abgesägt hast und dann die anderen Handgriffe. Drücke die Stäbchen so lange aneinander, bis der Leim haftet.

Herstellung: **Seifenboot**

Bereite deinen Arbeitsbereich vor

Um die Streubreite der Seifenspäne einzudämmen und um die Reinigungsarbeiten zu erleichtern, solltest du auf einem großen Backblech oder einem Stück Gefrierbeutel schnitzen. Benutze keine Zeitung, weil die Druckerschwärze auf die Seife abfärbt.

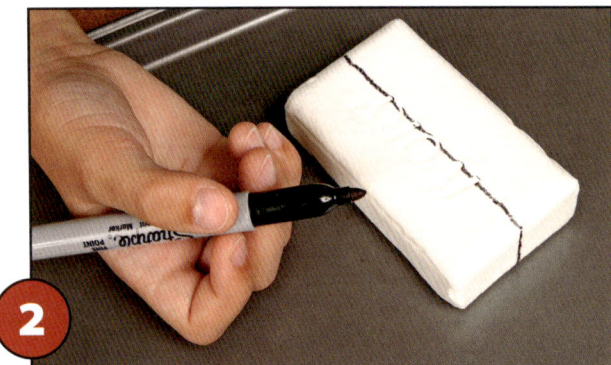

Ziehe eine Mittellinie

Nimm einen Filzstift und ziehe eine Linie in der Mitte des Seifenstücks. Diese Linie dient als Bezugspunkt. Auf diese Weise stellst du sicher, dass beide Seiten des Bootes in gleicher Weise abgegrenzt sind. Ziehe diese Linie über die Enden des Seifenstückes und über dessen Unterseite weiter.

Den Bug einzeichnen

Zeichne einen abgerundeten Rand, der auf beiden Seiten gleich ist.

Den Bug konstruieren
Benutze ein selbst gemachtes Holzmesser oder ein widerstands-
fähiges Plastikmesser, um die Seife von beiden Seiten des Bugs zu
entfernen. Lege die Seife flach auf deine Arbeitsoberfläche und
schneide die Seife auf beiden Seiten des Bugs weg.

Den Bootsboden runden
Wende „ziehende Schnitte" an, um den Bootsboden zu
formen. Entferne auf beiden Seiten etwa die gleiche Masse
an Seife.

Den Bug glätten
Wende „ziehende Schnitte" an, um den Bug zu formen und zu
glätten.

Die Innenseite markieren
Markiere den Bereich, aus dem du Seife entfernen willst, um
das Innere des Bootes formen zu können. Dieser Bereich
sollte eine rechteckige Form haben.

Herstellung: Seifenboot

8

Die Innenseite herausschnitzen

Entferne die Seife aus dem Inneren des Bootes mit einem selbst gemachten hölzernen Hohlmeißel. Du solltest hier vorsichtig vorgehen und nicht zu viel entfernen, da die Gefahr besteht, dass du den Boden des Boots durchbrichst.

9

Begradigen der inneren Wände

Nutze das Holzmesser, um gerade Seiten im Inneren des Bootes zu erzielen.

10

Glättung der Oberseite

Wende „ziehende Schnitte" an, um die Oberseite zu glätten.

11

Den Mast errichten

Schneide einen Strohhalm mit einer Schere auf eine Länge von 13 cm zu. Drücke dann das eine Ende des Strohhalms in den Bug des Bootes.

Das Segel zuschneiden
Schneide mit einer Schere ein Segel aus Karton in einer Breite von 75 mm und einer Länge von 90 mm zu.

Befestige das Segel
Befestige das Segel am Mast mit einem Klebeband.

Segel setzen
Am Anfang hattest du ein Stück Seife und nun hast du ein Boot, das fertig zum Segeln ist. Alles was du jetzt noch brauchst, ist etwas Wasser und ein wenig Wind, den du mittels Pusten selbst erzeugen kannst.

Schneemann

Dieser Schneemann ist eine reizvolle Schnitzarbeit, bei der sich jeder glücklich schätzt, sie an den Weihnachtsbaum hängen zu können oder einfach nur herzuzeigen. Dieses Projekt ist aber auch bestens geeignet, um etwas über Holzfasern zu lernen. Wir haben die Holzmaserungen bereits kennen gelernt, als wir uns in Kapitel 1 allgemein mit Holz beschäftigt haben. Dein Messer sollte nie die Möglichkeit erhalten, zwischen die Fasern zu geraten, weil das Holz dann gespalten wird. In diesem Projekt wirst du sehen, warum es notwendig ist, entlang der Holzfasern zu schnitzen anstatt in sie hinein. Jeder Schnitt muss in die richtige Richtung erfolgen; andernfalls könnten sich ungewollte Holzteile lösen.

Wir werden überdies Löcher für die Nase und den Aufhänger bohren. Die Nase wird gesondert geschnitzt werden und dann in das Loch, das du in die Gesichtsfläche gebohrt hast, eingefügt. Die Schnitzarbeit wird fertiggestellt, indem sie bemalt wird.

Werkzeuge

Bleistift

Laubsäge

Daumenschützer

Taschenmesser oder ein Messer nach eigener Wahl

Schraubstock

Schutzhandschuh

Bürsten oder Pinsel

Geißfuß

Bohrmaschine mit einem 4-mm-Bohrer

Dünner Filzschreib

Schnitzmuster: **Schneemann**

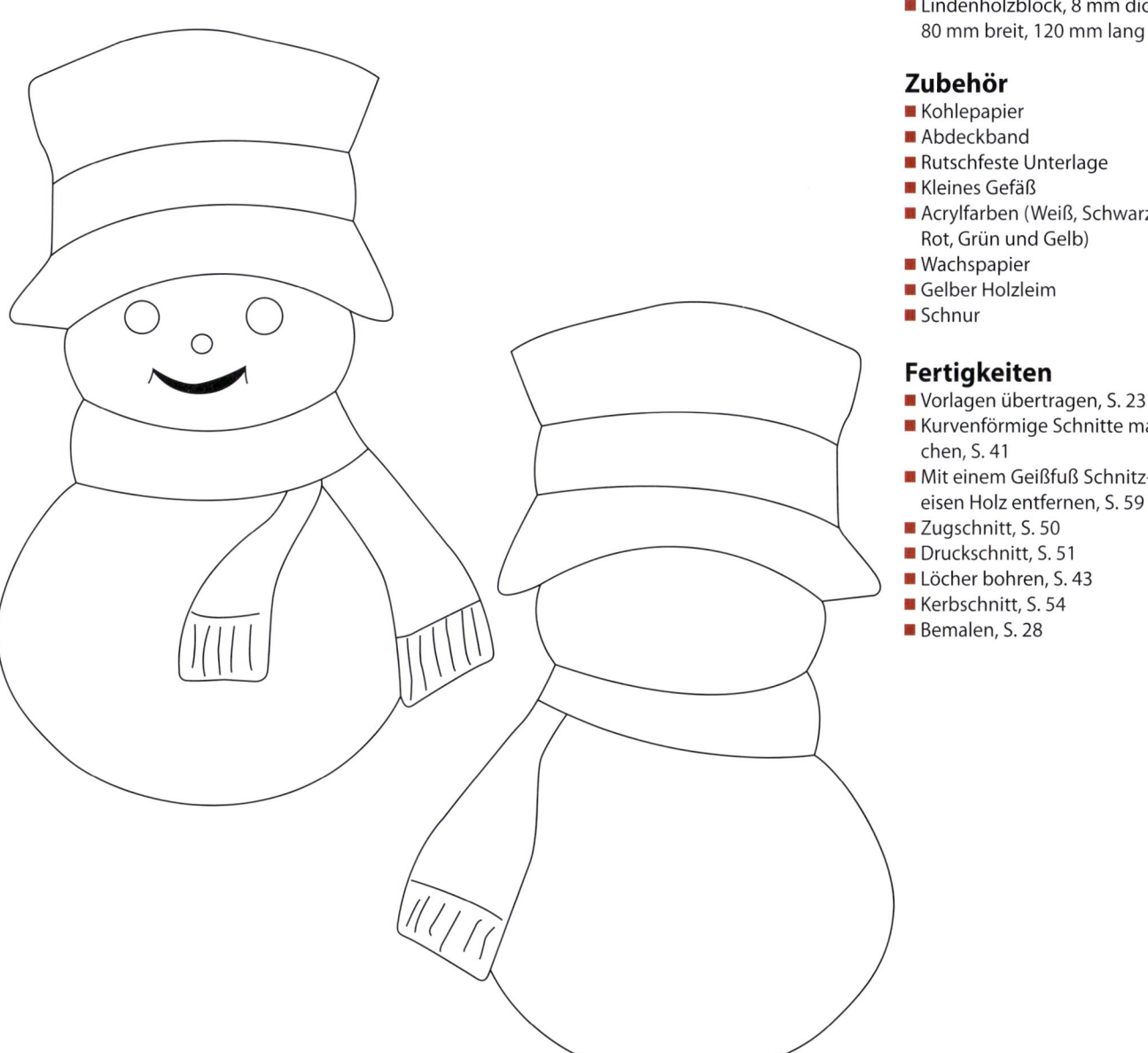

Material
- Lindenholzblock, 8 mm dick, 80 mm breit, 120 mm lang

Zubehör
- Kohlepapier
- Abdeckband
- Rutschfeste Unterlage
- Kleines Gefäß
- Acrylfarben (Weiß, Schwarz, Rot, Grün und Gelb)
- Wachspapier
- Gelber Holzleim
- Schnur

Fertigkeiten
- Vorlagen übertragen, S. 23
- Kurvenförmige Schnitte machen, S. 41
- Mit einem Geißfuß Schnitzeisen Holz entfernen, S. 59
- Zugschnitt, S. 50
- Druckschnitt, S. 51
- Löcher bohren, S. 43
- Kerbschnitt, S. 54
- Bemalen, S. 28

Herstellung: Schneemann

1

Vorbereitung für das Übertragen der Vorlage
Lege ein Blatt Kohlepapier zwischen das Vorlageblatt für die Vorderseite und den Holzblock. Befestige die Vorlage mit Kle-beband am oberen Ende des Holzes.

2

Vorlage übertragen
Fahre mit einem Bleistift die Linien der Vorlage nach, sodass sie auf das Holz übertragen werden.

3

Auf Vollständigkeit überprüfen
Da die Vorlage nur oben am Holz festgeklebt ist, kannst du leicht überprüfen, ob du die Zeichnung zur Gänze nachgezogen hast.

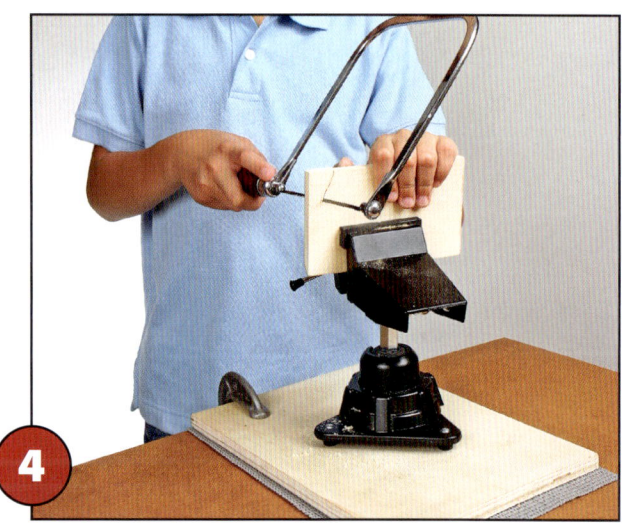

4

Festklemmen und aussägen
Klemme das Holz in einem Schraubstock fest und säge den Rohling mit einer Laubsäge sorgfältig aus. Lege ein Stückchen Restholz für die Nase beiseite.

6

Fransen zuschneiden
Schneide die Fransen an den Enden des Schals mit dem Geißfuß aus.

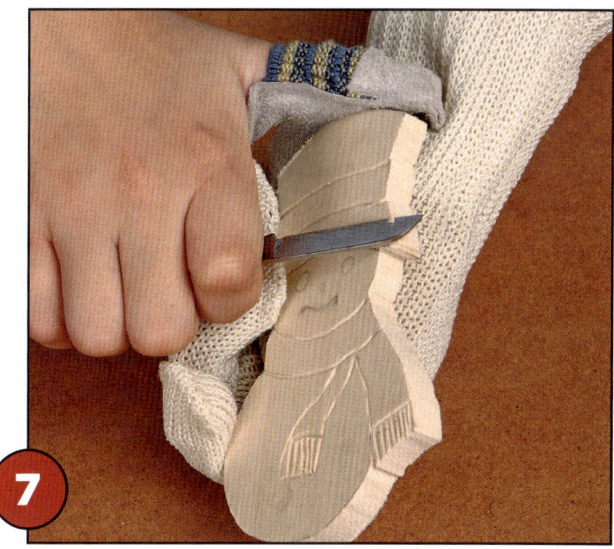

5

Linien mit dem Geißfuß wegschneiden
Lege den eben zugeschnittenen Rohling auf eine rutschfeste Unterlage und schneide mit einem Geißfuß alle Linien weg, die du auf den Rohling übertragen hast. Achte darauf, dass bei deinen Schnitzarbeiten ein Erwachsener zugegen ist.

7

Kanten abrunden
Zieh Sicherheitshandschuh und Daumenschützer an, nimm das Messer und runde die Kanten der Figur mit Zugschnitten und Druckschnitten ab. Schneide immer schräg zur Faserrichtung, damit sich die Klinge nicht zwischen die Fasern schiebt. Wenn das Messer doch zwischen die Fasern gerät, schneide in die andere Richtung. Du willst ja dort, wo du schneidest, eine glatte Oberfläche haben.

Herstellung: Schneemann

8

Linien auf der Rückseite freihändig zeichnen

Dreh den Schneemann um. Zeichne die Vorlage für die Rückseite freihändig auf das Holz ab. Schneide alle Linien, die du eben gezeichnet hast, mit dem Geißfuß weg. Ziehe dann den Sicherheitshandschuh an, lege den Daumenschützer an und runde die äußeren Kanten des Schneemannes auch auf dieser Seite mit dem Messer ab.

9

Löcher bohren

Drehe den Schneemann auf die Vorderseite. Bohre dort, wo die Nase hinkommt, mit einer Handbohrmaschine mit einem 4-mm-Bohrer ein Loch bis zur halben Holzstärke. Bohre ein durchgehendes Loch nahe der Oberkante des Hutes. Hier wird später die Schnur zum Aufhängen durchgezogen.

10

Die Nase schnitzen

Zieh Sicherheitshandschuh und Daumenschützer an und schnitze die Nase: Runde das Stück Restholz, das du beiseite-gelegt hast, mit Zugschnitten ab.

11

Die Nase einpassen und kürzen
Überzeuge dich, dass die Nase auch in das Loch passt und
kürze sie mit einem Rollen- oder Kerbschnitt auf die richtige
Länge.

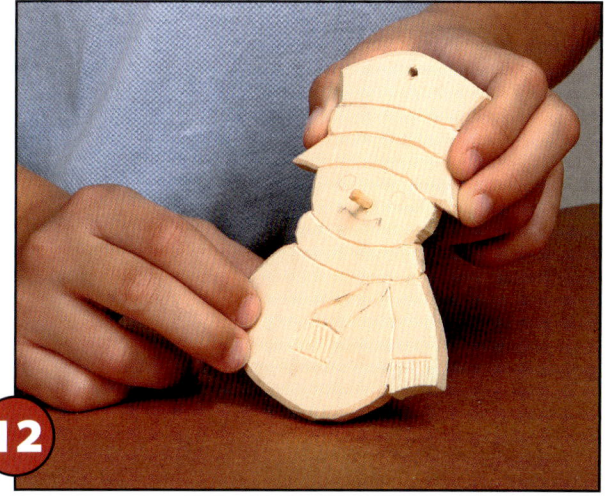

12

Holzspäne und Schleifstaub entfernen
Bürste Späne und Schleifstaub ab. Nun kann der Schneemann
bemalt werden. Lege die Nase an einen sicheren Platz. Sie
wird noch bemalt, bevor sie im Gesicht befestigt wird.

13

Gesicht und Körper bemalen
Fülle ein kleines Gefäß etwa zur Hälfte mit Wasser zum Pinselauswaschen. Drücke etwas
weiße Farbe auf ein Stück Wachspapier, das als Palette und zum Schutz der Arbeitsfläche
dient. Bemale Gesicht und Körper des Schneemannes vorn und hinten mit weißer Farbe.
Die Farbe muss auf der einen Seite getrocknet sein, bevor du zur anderen Seite übergehst.
Wasche nach dem Bemalen den Pinsel aus.

Herstellung: **Schneemann**

14

Hut und Schal bemalen
Bemale den Hut vorn und hinten mit schwarzer Farbe. Wasche den Pinsel aus. Bemale nun das Hutband, den Schal und die Fransen am Schal mit beliebigen Farben. Der abgebildete Schneemann wird in Rot und Grün bemalt.

15

Die Nase bemalen
Mische etwas rote und gelbe Farbe zu Orange für die Karottennase zusammen und bemale die Nase.

16

Leim auftragen
Drücke einen Tropfen Leim auf das Wachspapier. Verwende einen dünnen Zahnstocher oder einen Holzspan, um etwas Leim in das Loch für die Nase zu geben.

Die Nase anbringen
Drücke die Nase in das gebohrte Loch, sodass sie fest sitzt.

Augen und Mund zeichnen
Zeichne mit einem dünnen Filzstift die Augen und den Mund.

Schnur anbringen
Nun bringe noch eine Schnur zum Aufhängen an. So sollte der Schneemann von vorne und von hinten aussehen. Vergiss nicht, deinen Namen und das Datum auf die Rückseite zu schreiben, damit alle wissen, dass dieser Schneemann dein Werk ist.

Holzpfeife

Diese Arbeit macht Spaß und du erhältst ein schönes Pfeifchen. Du kannst es an einem Band um den Hals tragen oder auch einen Halstuchhalter daraus machen.

Du brauchst die Hilfe eines erfahrenen Schnitzers oder eines Erwachsenen, der ein Loch mit einem Durchmesser von 13 mm und einer Tiefe von 90 mm in das Holzstück bohren muss. Dieses Loch ergibt den Windkanal. Eine Standbohrmaschine mit einem 13 mm-Holzspiralbohrer ist dazu bestens geeignet. Der Holzspiralbohrer hat eine Zentrierspitze, die dafür sorgt, dass das Bohrloch gerade ausfällt. Fast jeder, der mit Holz arbeitet, hat diese Geräte zur Verfügung.

Lies dir auf jeden Fall die gesamte Schritt-für-Schritt-Anleitung durch, bevor du zu arbeiten beginnst, denn sie enthält mehrere Varianten für die einzelnen Arbeitsschritte.

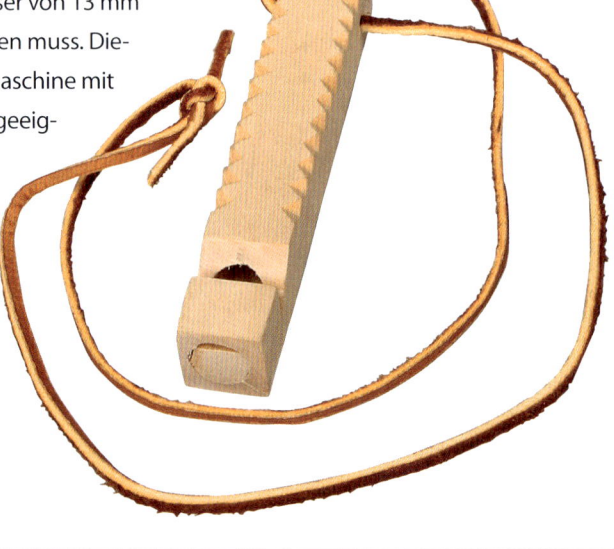

Werkzeuge

Sicherheitshandschuh

Daumenschutz

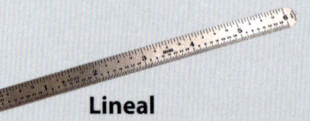

Lineal

Rückensäge

Bleistift

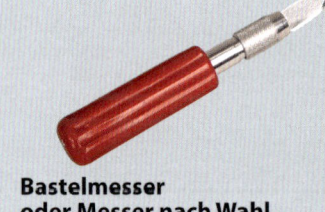

Bastelmesser oder Messer nach Wahl

Schnitzmuster: **Holzpfeife**

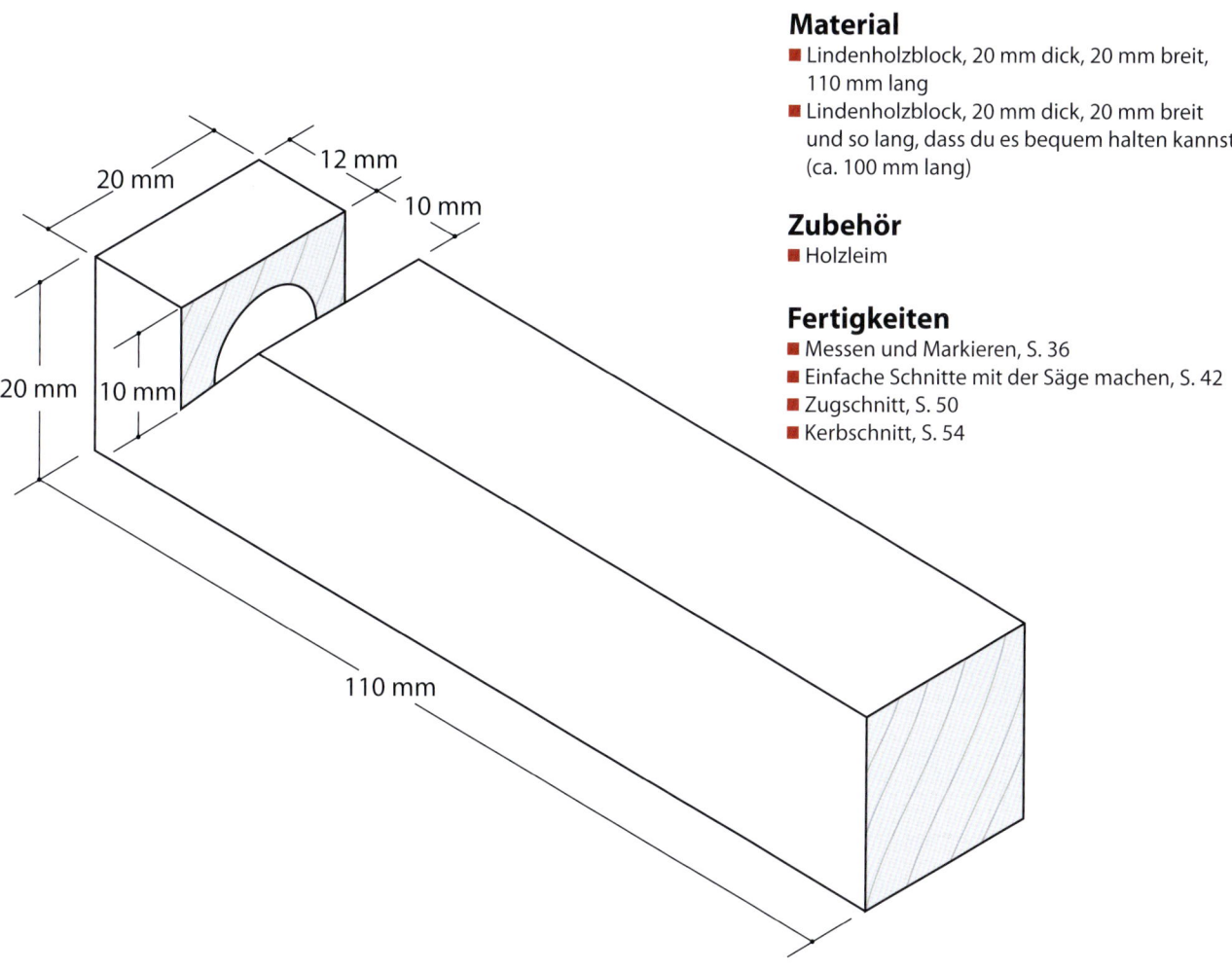

Material
- Lindenholzblock, 20 mm dick, 20 mm breit, 110 mm lang
- Lindenholzblock, 20 mm dick, 20 mm breit und so lang, dass du es bequem halten kannst (ca. 100 mm lang)

Zubehör
- Holzleim

Fertigkeiten
- Messen und Markieren, S. 36
- Einfache Schnitte mit der Säge machen, S. 42
- Zugschnitt, S. 50
- Kerbschnitt, S. 54

Herstellung: **Holzpfeife**

1

Einen gebohrten Rohling besorgen
Arbeite mit einem Lindenholzblock, 20 mm dick, 20 mm breit und 110 mm lang, mit einem Bohrloch mit 13 mm Durchmesser und einer Tiefe von 90 mm.

2

Messen und Markieren
Ziehe mit Bleistift und Lineal eine Linie im Abstand von 12 mm vom offenen Ende des Rohlings. Ziehe eine zweite Linie im Abstand von 10 mm von der ersten Linie. Drehe das Holzstück auf die Seite und führe die erste Linie auf der Seitenfläche in einer Länge von 10 mm fort. Verbinde die Endpunkte der beiden Linien mit einer dritten Linie auf der Seitenfläche des Holzstückes.

3

An der ersten Linie entlangsägen
Säge mit der Rückensäge an der ersten Linie entlang bis zum Ende der Markierung.

4

An der zweiten Linie entlangsägen
Kippe die Rückensäge, säge an der zweiten Linie entlang und entferne das keilförmige Holzstück, sodass das Pfeifloch entsteht.

Variante: Das Pfeifloch mit dem Messer zuschneiden

Du kannst das Pfeifloch auch mit dem Messer zuschneiden. Vergiss nicht, dabei den Sicherheitshandschuh und den Daumenschützer anzulegen.

1 Mach Stoppschnitte (S. 53)

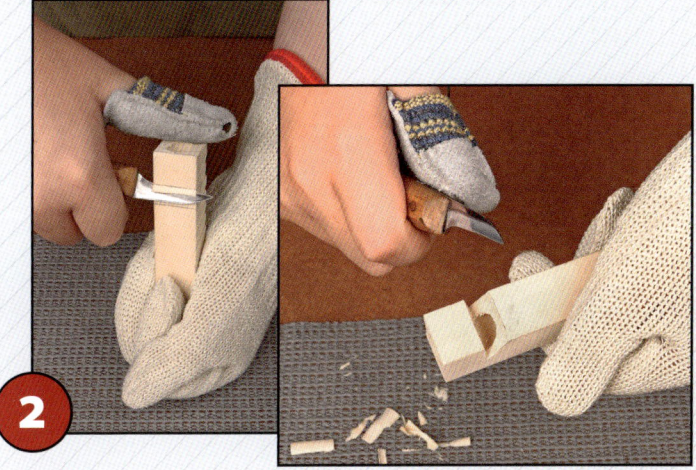

2 Entferne das Holz bis zu den Stoppschnitten, bis das Loch die erforderliche Tiefe hat (S. 58).

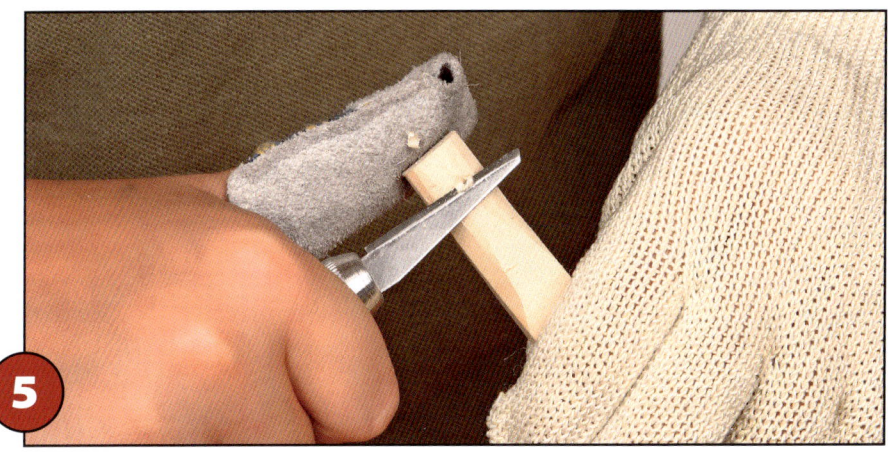

5

Mit dem Pfropfen beginnen
Lege Sicherheitshandschuh und Daumenschützer an und schneide mit dem Bastelmesser das Mundstück zurecht. Du brauchst ein Stück Lindenholz, das 20 mm dick, 20 mm breit und ca. 100 mm lang ist, sodass du es bequem halten kannst, während du das eine Ende abrundest.

Herstellung: **Holzpfeife**

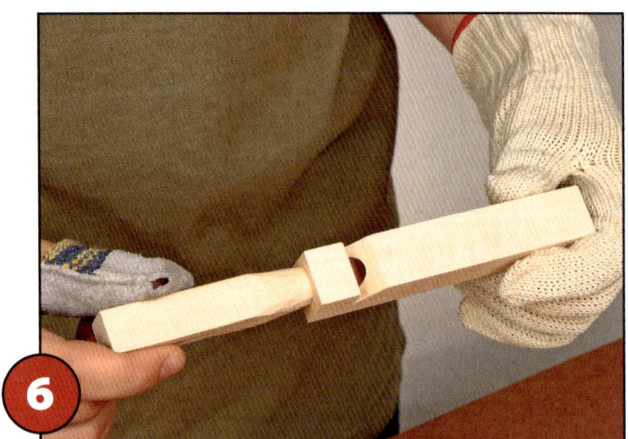

Mundstück abrunden

Runde das Mundstück mit kurzen Zugschnitten ab, sodass es knapp in das Bohrloch hineinpasst. Das abgerundete Stück sollte mindestens 20 mm lang sein.

Mundstück abflachen

Ziehe das fertig abgerundete Mundstück aus dem Bohrloch heraus. Kürze es auf eine Länge von 30 mm, sodass es um ca. 10 mm aus dem Mundstück hervorsteht. Flache das Mundstück an einer Seite ab. Wenn du das Mundstück etwas länger zuschneidest, kannst du es leicht herausziehen und den abgeflachten Bereich vergrößern, falls die Pfeife nicht funktioniert.

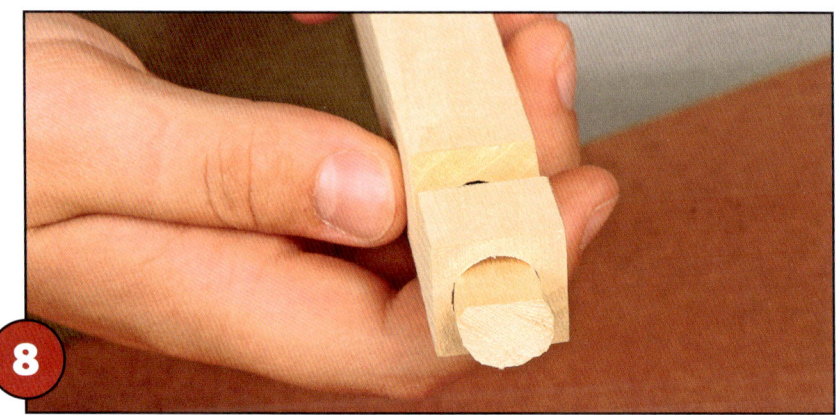

Mundstück einpassen

Schiebe das Mundstück mit dem flachen Bereich nach oben in das Bohrloch, bis es den senkrechten Einschnitt in der Pfeife erreicht. Probiere die Pfeife aus. Sie sollte einen kräftigen Ton ergeben.

Leim aufbringen

Wenn die Pfeife funktioniert, ziehe das Mundstück heraus. Verteile ein bisschen Leim auf der abgerundeten Oberfläche.

Mundstück bündig abschneiden

Schiebe das Mundstück wieder mit der flachen Seite nach oben in die Pfeife. Wenn der Leim getrocknet ist, schneide mit der Rückensäge den Propfen am Ende der Pfeife bündig ab.

Verzierung abmessen und markieren

Miss hinter dem Pfeifloch 5 mm ab und mache auf einer Länge von 60 mm alle 5 mm kleine Markierungen auf beiden Seiten der Pfeife.

Kerbschnitt: Erster Schnitt

Kippe das Messer in einem Winkel von ca. 45°, beginne mit der ersten Linie und mache einen schrägen Einschnitt bis zur nächsten Linie.

Herstellung: Holzpfeife

13

Kerbschnitt: Zweiter Schnitt
Kippe das Messer in einem Winkel von 45° in die andere Richtung und schneide den Span heraus.

14

Abschließender Schnitt
Schneide mit dem Messer die Grundlinie des Dreiecks entlang, um den Span vollständig herauszulösen. Das Ergebnis sollte so aussehen wie auf dem Foto. Fahre an den beiden Oberkanten entlang ebenso fort.

15

Versuche es mit einem anderen Muster
Du kannst auch ein Rautenmuster aus Linien im Abstand von jeweils 5 mm auf die Pfeife zeichnen. Schneide die Linien mit einem Geißfuß oder einem Messer weg. Beachte, dass du mit dem Messer in einem Winkel von 45° auf beiden Seiten jeder Linie schneiden musst.

16

Das Werkstück in eine Schraubzwinge klemmen
Wenn du die Pfeife nicht mit der Hand festhalten willst, kannst du sie in eine Schraubzwinge klemmen, während du schnitzt.

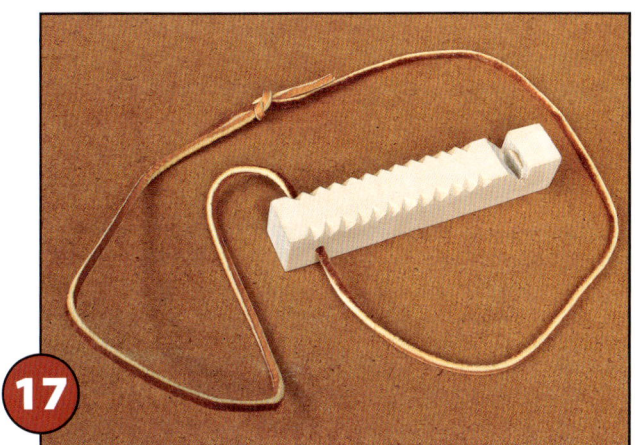

17

Band befestigen

Bohre ein Loch durch das Ende der Pfeife und befestige ein Band, sodass du die Pfeife um den Hals tragen kannst. Gib acht, dass du dabei nicht den Windkanal im Inneren der Pfeife anbohrst, sonst funktioniert die Pfeife nicht.

18

So kannst du einen Halstuchring anbringen

Bohre ein Loch mit 15 mm Durchmesser in einen großen Holzdübel. Flache den Dübel auf einer Seite mit der Säge ab und schneide ein 15 mm langes, ringförmiges Stück ab. Leime es an der Pfeife an.

19

Leim trocknen lassen

Bewege das Werkstück nicht, während der Leim aushärtet und den Ring fest mit der Pfeife verbindet. Wenn der Leim trocken ist, hast du einen prima Halstuchhalter.

20

Die Pfeife ausprobieren

Die Pfeife ist jetzt fertig. Wie immer du sie gestaltet hast, einen schönen Ton ergibt sie auf jeden Fall.

Pfeilspitze

Für diese Schnitzarbeit gibt es eine Menge Einsatzmöglichkeiten: Du kannst sie als Halstuchhalter, als Speerspitze oder als Anhänger verwenden. Wenn du daraus einen Halstuchhalter machst, schnitze nur eine Seite und bringe an der Rückseite einen Ring als Halterung an. Um eine Speerspitze herzustellen, schnitze beide Seiten und befestige die fertige Arbeit mit einem Lederband am Schaft. Mit Perlen als Verzierung kommt die Schnitzarbeit noch besser zur Geltung. Auch ein Anhänger lässt sich mit Perlen und einem Lederband schön und effektvoll gestalten. Du kannst auch deinen Namen auf die Vorderseite der Pfeilspitze schreiben oder schnitzen und ein originelles Namensschild daraus machen.

Dies sind nur einige Vorschläge. Überlege, wie viele Einsatzmöglichkeiten für die Pfeilspitze dir noch einfallen. Lies dir auf jeden Fall die gesamte Schritt-für-Schritt-Anleitung durch, bevor du zu arbeiten anfängst, und überlege dann, welches Projekt du gestalten möchtest. Wenn du die fertige Arbeit lackierst, wird die schöne Maserung des Butternussholzes noch zusätzlich betont.

Werkzeuge

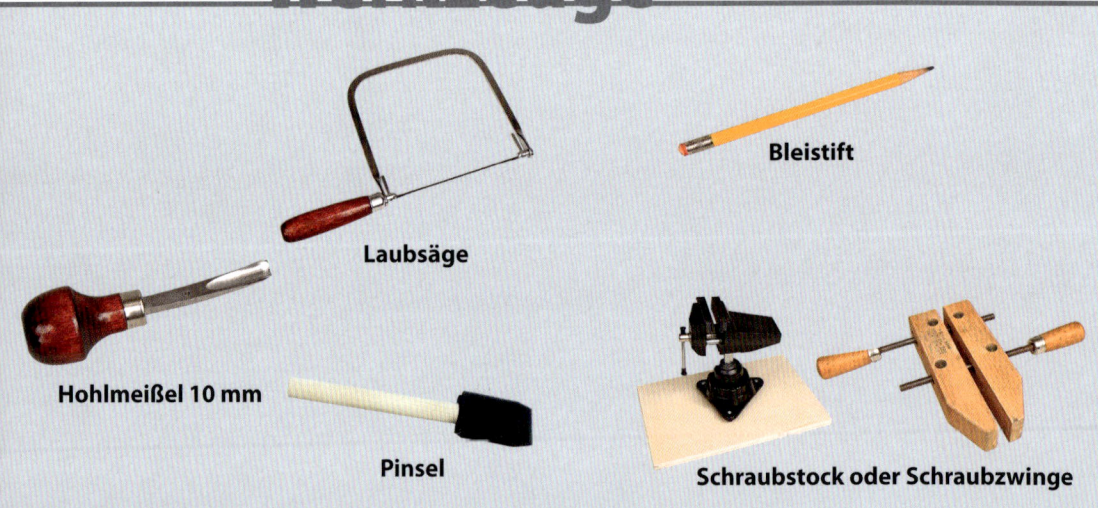

Laubsäge

Bleistift

Hohlmeißel 10 mm

Pinsel

Schraubstock oder Schraubzwinge

Schnitzmuster: Pfeilspitze

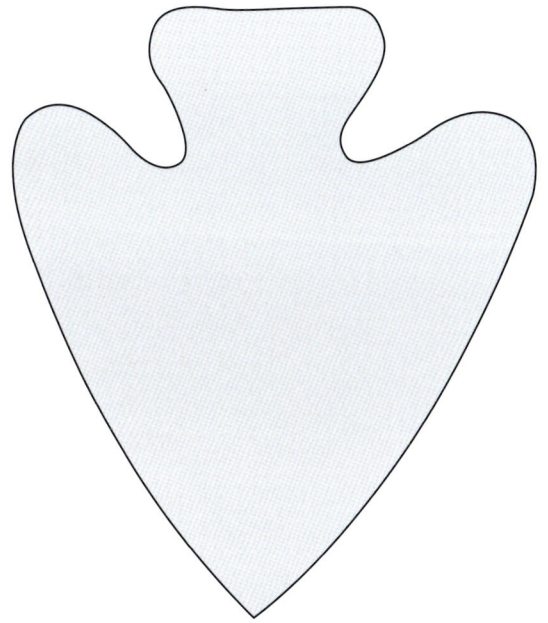

Material
- Butternussholzblock, 10 mm dick, 80 mm breit, 80 mm lang (du kannst jede beliebige Holzart verwenden, Butternuss hat jedoch eine besonders schöne Maserung)

Zubehör
- Abfallholz
- Rutschfeste Unterlage
- Leim (optional)
- Lack (optional)

Fertigkeiten
- Vorlagen übertragen, S. 23
- Kurvenförmige Schnitte machen, S. 41
- Schnitt mit einem Hohlmeißel, S. 57
- Lackieren, S. 29

Herstellung: Pfeilspitze

1

Eine Schablone herstellen

Stelle eine Schablone von der Pfeilspitze her. Übertrage den Umriss so auf das Holz, dass die Maserung in Längsrichtung verläuft.

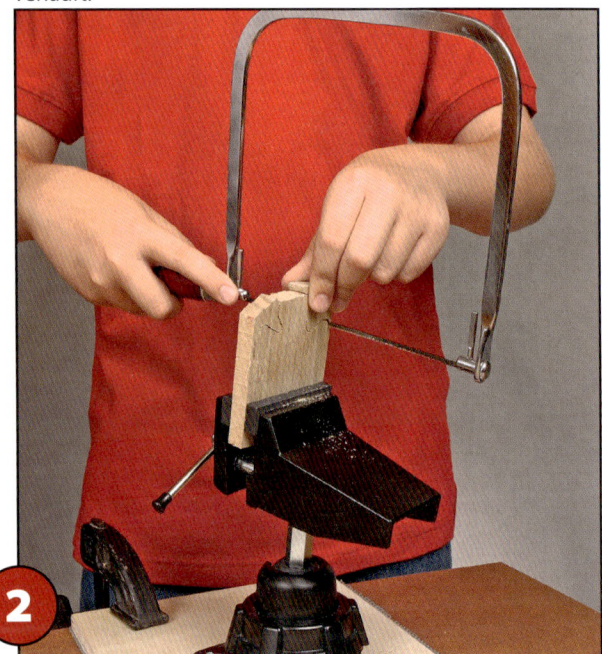

2

Den Rohling aussägen

Klemme das Holz in einem Schraubstock fest und säge die Pfeilspitzenform mit einer Laubsäge aus. Der Rohling ist fertig.

3

Den Arbeitsbereich vorbereiten

Gib ein Stück Abfallholz unter die rutschfeste Unterlage. So wird das Möbelstück (Tisch oder Bank), auf dem du arbeitest, nicht beschädigt, wenn du mit dem Hohlmeißel arbeitest. Lege den Rohling auf das rutschfeste Material.

Kanten abrunden

Schneide mit einem Hohlmeißel die Pfeilspitze in Form. Die Kante soll aussehen, als ob Stücke abgesplittert wären wie bei einer richtigen, behauenen Pfeilspitze. Schneide immer quer zur Faser, damit sich das Holz nicht spaltet. Wenn du merkst, dass die Klinge doch zwischen die Fasern gerät, schneide in die andere Richtung.

Die ganze Oberfläche bearbeiten

Arbeite ebenso weiter, bis das ganze Werkstück eine „behauene" Oberfläche hat.

Speerspitze, Halstuchhalter oder Anhänger fertigstellen

Wenn du eine Speerspitze machst, schnitze beide Seiten des Rohlings. Für einen Halstuchhalter oder einen Anhänger bearbeite auf der Rückseite nur die Kanten. Dann schnitze deinen Namen in die Pfeilspitze oder schreib ihn darauf.

Herstellung: Pfeilspitze

7

Den Halstuchring basteln

Um den Halstuchring selbst herzustellen, bohre ein Loch mit 13 mm oder 15 mm Durchmesser in das Ende eines Holzdübels. Flache den Dübel mit der Säge auf einer Seite ab und schneide ein 15 mm langes, ringförmiges Stück ab.

8

Den Halstuchring festleimen

Um aus der Pfeilspitze einen Halstuchhalter zu machen, leime diesen Ring an der Rückseite fest.

9

Lackieren

Um einen schützenden Lacküberzug auf die Pfeilspitze aufzutragen, kannst du einen Einwegpinsel (siehe Foto) oder einen normalen Pinsel verwenden. Lass dir beim Lackieren von einem Erwachsenen helfen. Achte darauf, dass der Arbeitsbereich gut belüftet ist. Folge beim Lackieren immer den Anweisungen des Herstellers. Wenn der Lack trocken ist, dann ist die Pfeilspitze fertig.

Lederband und Perlen befestigen
Um eine Speerspitze oder einen Anhänger zu gestalten,
nimm ein Lederband und Perlen (beides bekommst du
in den meisten Bastelgeschäften) und befestige sie wie
abgebildet.

Viel Freude mit deiner fertigen Holzschnitzarbeit!
Und vergiss nicht, auch deine eigenen Gestaltungsideen
umzusetzen.

Namenstafel

Hier erfährst du, wie du ein Namensschild für dein Zimmer schnitzen kannst. Dabei kannst du üben, wie man ein solches Projekt gestaltet, wie man mit einem Winkel umgeht und wie man mit Hohlmeißel, Messer und Geißfuß arbeitet. Vor allem aber kannst du lernen, wie man die Maserung optimal ausnutzen kann, um glatte Schnitte zu erzielen.

Für die Randgestaltung wirst du den Hohlmeißel brauchen, bei den Buchstaben und der Kerbschnitzerei kommt das Messer zum Einsatz und bei den Buchstaben auch der Geißfuß.

Werkzeuge

Bleistift

Kombiwinkel

Lineal

Hohlmeißel 10 mm

Arbeitsplatte

Feststehendes Messer oder Messer nach Wahl

Zahnbürste

Sicherheitshandschuh

Daumenschützer

Geißfuß

Große Rückensäge

Schnitzmuster: Namenstafel

Material
- Lindenholzblock, 20 mm dick, 70 mm breit, Länge 90 mm, zuzüglich 25 mm für jeden geschnitzten Buchstaben
- Auf der linken Seite brauchst du 45 mm, dazu musst du 25 mm für jeden Buchstaben rechnen.
- Auf der rechten Seite brauchst du 45 mm zuzüglich 50 mm extra. Wenn alle Buchstaben fertig geschnitzt sind, wird das überschüssige Holz abgeschnitten.

Zubehör
- Rutschfeste Unterlage
- 320-körniges Schleifpapier

Fertigkeiten
- Messen und Markieren, S. 36
- Schnitt mit einem Hohlmeißel, S. 57
- Einfache Schnitte mit der Säge machen, S. 42
- Entfernen von Holz bis zu einem Stoppschnitt, S. 58
- Mit einem Schnitzeisen Holz entfernen, S. 59
- Kerbschnitt, S. 54

Herstellung: **Namenstafel**

1

Den Rand markieren
Zeichne mit einem Kombiwinkel oder einem Lineal je eine
Bleistiftlinie im Abstand von 5 mm von den Kanten an beiden
Längsseiten und an einer Schmalseite.

Mit der Maserung arbeiten

2

Betrachte das Brett genau und schau, in welche Richtung die
Maserung läuft. Bei dem abgebildeten Holzstück muss man an der
Oberkante von rechts nach links schneiden, an der Unterkante von
links nach rechts. Wenn man in die umgekehrte Richtung schneidet,
schiebt sich die Klinge zwischen die Fasern und das Holz spaltet sich
bis in den Bereich hinein, der nicht weggeschnitten werden soll. Wenn
der Hohlmeißel dazu neigt, sich zwischen die Fasern zu schieben,
dann schneidest du in die falsche Richtung. An den Schmalseiten kann
dieses Problem nicht auftreten, weil du dort quer zur Faser schneidest.

Den Rand schnitzen
Lege das Brett auf die Arbeitsplatte. Entferne mit dem Hohlmeißel das Holz bis zu den Linien. Der Holzspan sollte sich so
wie auf dem Foto aufrollen.

Den Rand fertig schnitzen

Schneide nur bis zu den Linien, die den Rand bilden. Wenn du den Rand auf drei Seiten geschnitzt hast, sollte die Arbeit aussehen wie auf dem Foto.

Felder für die Buchstaben ausmessen und markieren

Miss 15 mm von der Ober- und Unterkante einwärts. Ziehe jeweils eine Linie. Dann miss von der Schmalseite mit dem geschnitzten Rand 35 mm einwärts. Markiere mithilfe des Winkels die Felder für die Buchstaben, die du schnitzen willst.

Die Buchstaben vorzeichnen

Zeichne die einzelnen Buchstaben in die Felder. Jedes Buchstabenfeld ist 25 mm breit, der Abstand zwischen zwei Buchstaben beträgt 5 mm. Die einzelnen Buchstabenkörper sollten 2,5 mm breit sein.

Stoppschnitte ausführen

Setze mit dem feststehenden Messer Stoppschnitte an den Enden der Buchstaben, die freistehende Enden haben. (Das O hat z. B. kein freistehendes Ende.) Kippe dazu das Messer ca. 45° weg vom Ende des Buchstabens und führe den Stoppschnitt aus.

Herstellung: **Namenstafel**

Einen Buchstaben zu schnitzen beginnen

Entferne mit einem Geißfuß vorsichtig das Holz zwischen den Umrisslinien des Buchstabens. Beginne in der Mitte des Buchstabens und schneide bis hinauf zum Stoppschnitt. Der Span sollte dann herausfallen. Pass bei den Rundungen, z. B. beim J und beim O, besonders auf.

Den Buchstaben fertig schnitzen

Schneide in die andere Richtung, um den Buchstaben fertig zu schnitzen. Gehe bei den anderen Buchstaben ebenso vor.

Buchstaben säubern

Entferne alle Späne mit einer Zahnbürste.

Das Ende des Brettes abmessen und markieren

Miss vom letzten Buchstaben aus 35 mm ab und ziehe mithilfe des Winkels dort, wo das Brett abgeschnitten werden soll, eine gerade Linie.

11

Überschüssiges Holzstück abschneiden
Schneide das überschüssige Holzstück mit einer großen Rückensäge vorsichtig ab.

12

Den Rand fertigschnitzen
Miss von der soeben geschnittenen Kante 5 mm ab und schnitze den Rand. Jetzt sollte der Rand wie auf dem Foto aussehen.

13

Das Kerbschnitzmuster ausmessen und markieren
Um das Kerbschnitzmuster vorzuzeichnen, ziehe sowohl in der rechten als auch in der linken unteren Ecke mithilfe des Kombiwinkels eine 20 mm lange Linie in einem Winkel von 45°. Zeichne das Motiv in beide unteren Ecken.

14

Mit dem Mittelteil des Motivs beginnen
Lege das Namensschild auf eine rutschfeste Unterlage. Halte das Messer schräg und setze am Ende der mittleren Kerbfläche, die du entfernen willst, einen Schnitt im Winkel von 45°.

Herstellung: **Namenstafel**

Kerbschnitzerei: Zweite Seite

Kippe das Messer auf der anderen Seite der Kerbe um 45°. Ziehe das Messer vom oberen zum unteren Ende der Kerbe herunter. Der Span sollte nun herausfallen. Wenn er nicht herausfällt, führe die Schnitte nochmals durch, bis der Span herausfällt. Gehe bei den anderen Teilen des Motivs ebenso vor.

Kerbschnitzerei: Erste Seite

Kippe das Messer um 45° und schneide vom oberen zum unteren Ende des Motivs. Der Schnitt sollte am oberen Ende des geschwärzten Bereiches beginnen und tiefer werden, je näher du beim Schneiden an deinen ersten Schnitt herankommst. Beachte, wie tief das Messer am Ende des Schnittes in das Holz eindringt.

Namensschild abschleifen

Wenn die Schnitzarbeit fertig ist, wickle ein Stück Schleifpapier um einen kleinen Holzblock und schleife die Bleistiftlinien ab.

Staub entfernen
Entferne den Staub, der durch das Abschleifen entstanden ist, mit einer Zahnbürste.

Jetzt kann die Namenstafel angebracht werden
So sieht die fertige Tafel aus – nur mit deinem Namen darauf!

Adlerkopf

Dieser hoheitsvolle Adler ist ein Prachtstück, das du mit berechtigtem Stolz herzeigen kannst. Die schöne Reliefschnitzerei ist leicht auszuführen und bietet dir Gelegenheit, die Handhabung einer ganzen Reihe von Werkzeugen zu üben.

Bei der Reliefschnitzerei wird Holz weggeschnitten, um Schatten zu erzeugen. Daran solltest du bei dieser Arbeit denken, dann wird dir ein eindrucksvoller und lebensnaher Adlerkopf gelingen.

Werkzeuge

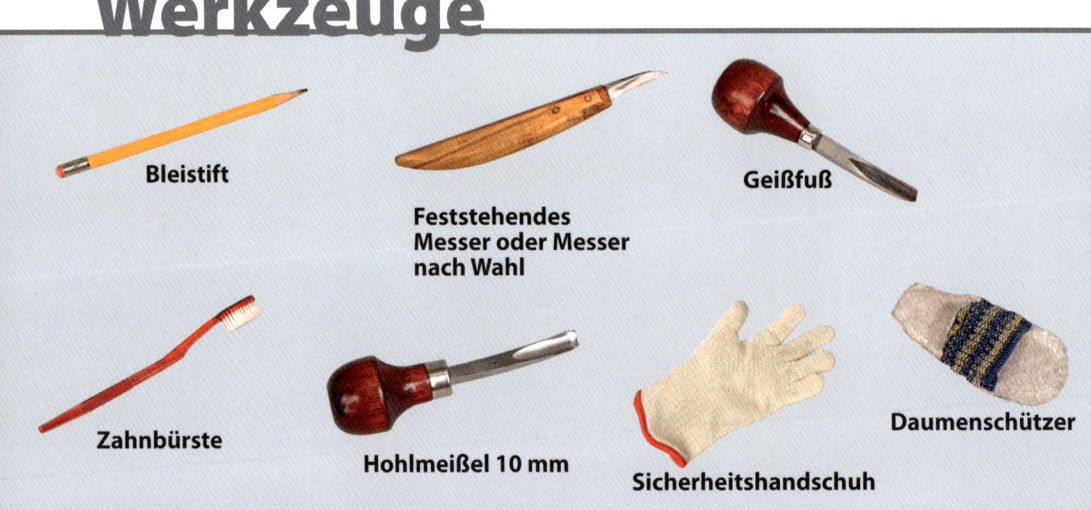

Bleistift

Feststehendes Messer oder Messer nach Wahl

Geißfuß

Zahnbürste

Hohlmeißel 10 mm

Sicherheitshandschuh

Daumenschützer

Schnitzmuster: **Adlerkopf**

Material
- Lindenholzbrett, 15 mm dick, 100 mm breit, 120 mm lang

Zubehör
- Transparentpapier
- Abdeckband
- Rutschfeste Unterlage
- Graphit- oder Kohlepapier

Fertigkeiten
- Vorlagen übertragen, S. 23
- Mit einem Schnitzeisen (Geißfuß) Holz entfernen, S. 59
- Schnitt mit einem Hohlmeißel, S. 57
- Entfernen von Holz bis zu einem Stoppschnitt, S. 58
- Zugschnitt, S. 50

Herstellung: **Adlerkopf**

Das Arbeitsmaterial zusammenstellen

Um die Vorlage auf das Brett zu übertragen, brauchst du die Vorlage, Transparentpapier sowie Graphit- oder Kohlepapier, Abdeckband und einen Bleistift.

Vorlage übertragen

Befestige die Vorlage an einem Ende des Brettes und übertrage sie auf das Holz. Überprüfe, ob du alle Linien nachgezogen hast, bevor du die Vorlage entfernst.

Den Adlerkopf mit dem Geißfuß umreißen

Lege das Brett auf eine rutschfeste Unterlage. Umreiße Kopf und Schnabel mit dem Geißfuß. Schneide die Linie über dem Auge sorgfältig weg.

Das Auge sorgfältig umreißen

Schneide die Umrisse des Auges mit dem Hohlmeißel nach. Stich mit dem Hohlmeißel vorsichtig senkrecht ins Holz ein, folge der Rundung der Klinge und umreiße das gesamte Auge.

5

Die Schnitte vertiefen

Nimm ein feststehendes Messer, mache einen Stoppschnitt und vertiefe die Schnitte, die du mit dem Geißfuß gemacht hast.

6

Den Hintergrund wegschneiden

Nimm den Hohlmeißel und schneide rund um den Kopf Holz weg. Schneide dabei bis an den Stoppschnitt heran.

7

Das Auge schnitzen

Schneide vorsichtig bis an den Stoppschnitt über dem Auge heran etwas Holz weg.

8

Den Stoppschnitt vertiefen

Vertiefe den Stoppschnitt, der das Auge bildet.

Herstellung: **Adlerkopf**

9

10

Die Schnitzarbeit säubern
Entferne mit der Zahnbürste die losen Späne.

Den Schnabel formen
Runde mit dem Messer den oberen Teil des Schnabels ab. Schneide am unteren Teil des Schnabels Holz weg, damit es so aussieht, als wäre der untere Teil weiter hinten als der obere.

11

Das Nasenloch schnitzen
Schneide mit dem Geißfuß das Nasenloch ein.

Die Kopffedern schnitzen
Schnitze mit dem Geißfuß die fließenden Linien, die die eng anliegenden Kopffedern andeuten.

Den Kopf stärker herausarbeiten
Trage noch mehr Holz rund um den Kopf ab, damit er sich plastisch vom Hintergrund abhebt.

Fertigstellen
So sieht der fertige Adlerkopf aus. Du kannst das Holz unbehandelt lassen, aber auch lackieren oder bemalen.

Frosch

Dieser Frosch ist ein „tönendes Spielzeug": Wenn man ihm mit dem Stab über den Rücken fährt, gibt er einen quakenden Laut von sich. Das Geräusch ist verschieden, je nachdem, in welcher Richtung man über den Rücken streicht.

Wenn du diesen Frosch als Zimmerschmuck aufstellst, wird niemand daran vorbeigehen können, ohne das Quaken auszuprobieren.

Werkzeuge

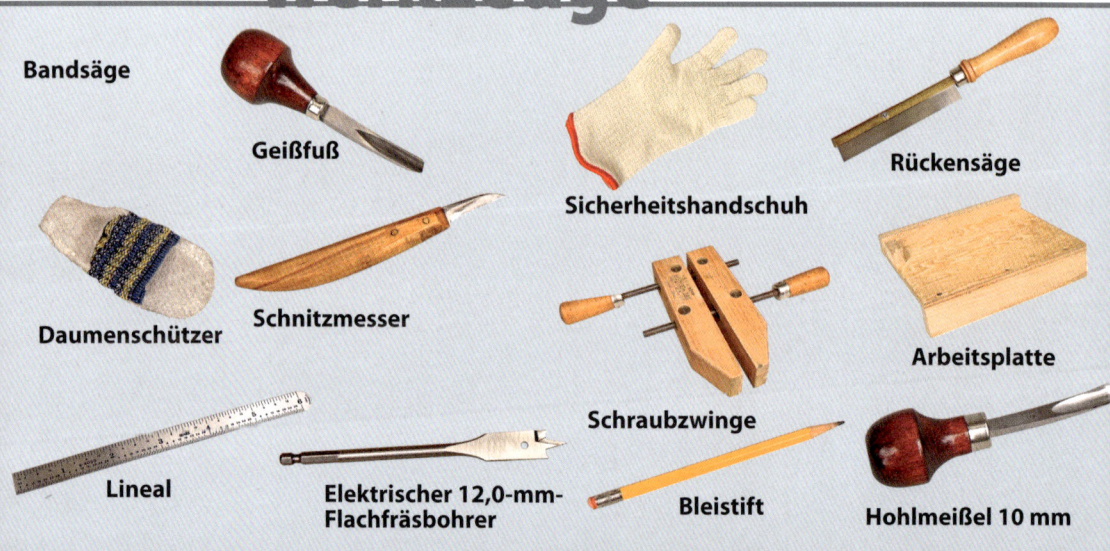

Bandsäge

Geißfuß

Sicherheitshandschuh

Rückensäge

Daumenschützer

Schnitzmesser

Arbeitsplatte

Schraubzwinge

Lineal

Elektrischer 12,0-mm-Flachfräsbohrer

Bleistift

Hohlmeißel 10 mm

Schnitzmuster: **Frosch**

Material
- Lindenholzrohling, 40 mm breit, 50 mm hoch, 120 mm lang
- Holzdübel, 15 mm Durchmesser, ca. 100 mm lang

Zubehör
- 220- und 320-körniges Schleifpapier
- Acrylfarben (Grün und Schwarz)
- Glanzlackspray

Fertigkeiten
- Vorlagen übertragen, S. 23
- Messen und Markieren, S. 36
- Einfache Schnitte mit der Säge machen, S. 42
- Druckschnitt, S. 51
- Zugschnitt, S. 50
- Schnitt mit einem Hohlmeißel, S. 57
- Mit einem Schnitzeisen Holz entfernen, S. 59
- Entfernen von Holz bis zu einem Stoppschnitt, S. 58
- Die Schnitzarbeit abschleifen und säubern, S. 21
- Bemalen, S. 28

Herstellung: Frosch

① Die Vorlage übertragen

Stelle eine Schablone von dem Frosch her und zeichne die Linien mit Bleistift auf den Holzblock.

② Den Rohling aussägen

Am besten bittest du jemanden, der eine Bandsäge besitzt, den Rohling auszusägen. Wenn das nicht möglich ist, säge ihn selbst mit einer Laubsäge aus.

③ Das Maul zeichnen

Markiere den Mittelpunkt für das Bohrloch und zeichne das Maul auf das Holz. Säge das Maul mit einer Laubsäge aus oder …

④ Das Loch bohren

… bitte jemanden, das Loch mit einem elektrischen 15 mm Flachfräsbohrer zu bohren und den Spalt für das Maul mit einer Bandsäge zu sägen.

Eine Mittellinie ziehen

Ermittle mit einem Lineal die Mitte des Froschkörpers. Zieh rund um den Frosch eine Mittellinie als Hilfslinie.

Die Rückenpartie ausmessen und sägen

Miss auf der gezackten Rückenpartie auf beiden Seiten der Mittellinie 5 mm ab. Schneide mit einer Rückensäge auf beiden Seiten bis zur Tiefe der Zacken hinunter. Die Zacken sollten 10 mm breit sein.

Den Rücken schnitzen

Zieh Sicherheitshandschuh und Daumenschützer an. Trage mit einem Schnitzmesser auf beiden Seiten der Zacken mit Druck- und Zugschnitten vorsichtig Holz ab.

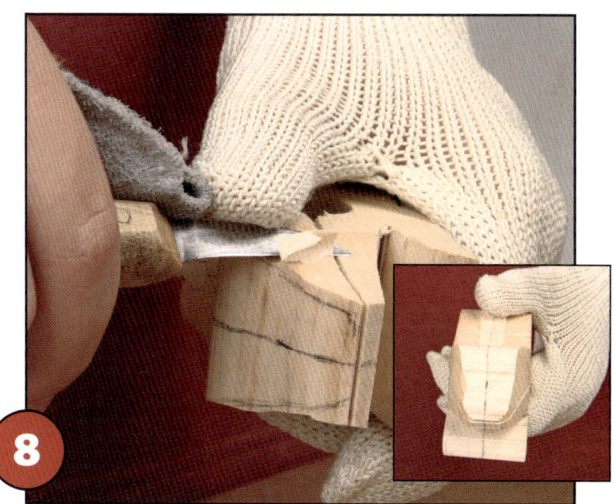

Den Kopf vorzeichnen und abrunden

Zeichne die Kopfform auf das Holz, sodass sie auf beiden Seiten gleichmäßig ist. Dann runde den Kopf mit dem Messer ab.

Herstellung: **Frosch**

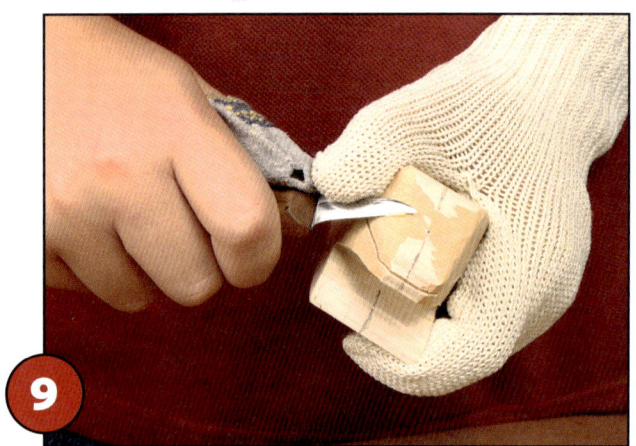

9

Das Gesicht abrunden
Runde den oberen Teil des Gesichts mit dem Messer ab.

10

Die Augenpartie formen
Arbeite auf der Arbeitsplatte. Entferne oben am Kopf zwischen den Augen mit dem Hohlmeißel etwas Holz.

11

Die Augen schnitzen
Nimm den Hohlmeißel und forme mit Einstichschnitten die Augen.

12

Kinn und Körper abrunden
Zieh Sicherheitshandschuh und Daumenschützer an. Nimm das Messer und runde mit Druck- und Zugschnitten die Unterseite des Kinns und dann den Körper ab.

13

Die Hinterbeine schnitzen

Umreiße mit einem Geißfuß die Hinterbeine. Dann trage mit dem Hohlmeißel rund um die Hinterbeine Holz ab, damit sie sich plastisch vom Körper abheben.

14

Die Beine abrunden

Runde die Beine mit dem Messer ab und gib ihnen die richtige Form. Trage dabei unbedingt Sicherheitshandschuh und Daumenschützer.

15

Stoppschnitte setzen

Mache mit der Rückensäge Stoppschnitte, um die Hinterseite der Beine formen zu können.

16

Hinterbeine formen

Schneide mit dem Geißfuß Holz weg, um die Hinterbeine zu formen.

Herstellung: **Frosch**

Die Vorderbeine voneinander trennen

Mache mit der Rückensäge einen Schnitt zwischen den Vorderbeinen, um sie voneinander zu trennen. Dann schnitze sie mit dem Messer in Form.

Abschleifen

Schleife die Oberfläche deiner Schnitzarbeit mit 220- und dann mit 320-körnigem Schleifpapier ab. Säubere die Oberfläche vor dem Bemalen.

Den Frosch bemalen

Bemale den Frosch und den Holzdübel. Wenn die grüne und die schwarze Farbe getrocknet ist, besprühe die Oberfläche mit Glanzlackspray (beachte dabei die Angaben des Herstellers) (siehe auch Kapitel „Farbe" Seite 27). Durch den Lack wirkt die Oberfläche fast wie die nassglänzende Haut eines richtigen Frosches.

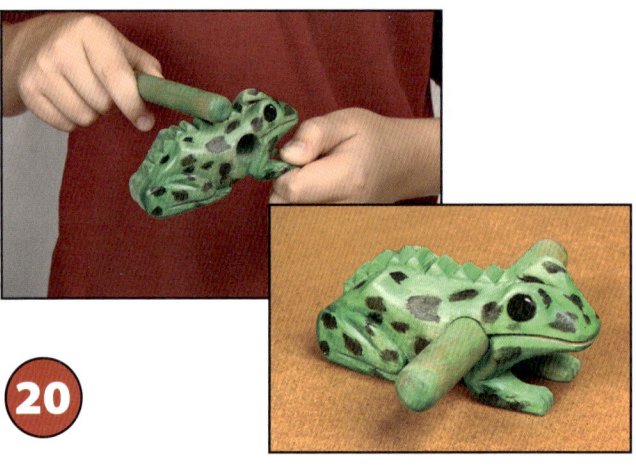

Den Frosch quaken lassen

Halte den Frosch bei den Beinen und fahre mit dem Dübel über den gezackten Rücken. Dabei entsteht das Quaken. Wenn du deine Schnitzarbeit aufbewahrst, stecke den Dübel in das Bohrloch, das hierfür die richtige Größe hat.

Glossar

Dieses Glossar enthält einige Wörter, die im Text vorkommen und hier zum schnellen Nachschlagen nochmals erklärt werden. Du findest hier aber auch neue Begriffe, die dir begegnen könnten, wenn du dir weitere Informationen über das Hobby Schnitzen besorgst.

Abziehpaste: Ein Schleifmittel zum Schärfen und Polieren von Schneidewerkzeugen.

Astloch: Eine Unvollkommenheit innerhalb des Baumes an einer Stelle, wo früher einmal ein Ast abgebrochen ist. Astlöcher sind hart und daher schwierig zu schnitzen.

Druckschnitt: Ein Schnitt, der beim Schnitzen häufig verwendet wird. Er erfolgt in die entgegengesetzte Richtung wie der Zugschnitt (siehe dort).

Geißfuß: Ein Werkzeug mit einer V-förmigen Schnittkante. Es wird zum Umreißen einer Schnitzarbeit sowie für Zierschnitte verwendet.

Hartholz: Holz von Laubbäumen, das heißt von Bäumen, deren Blätter im Herbst abfallen.

Hohlmeißel (Hohlbeitel): Ein Werkzeug mit einer gekrümmten Schneide.

Kambium: Die Schicht des Baumes, wo die Zellen sich teilen und das Wachstum des Baumes stattfindet. Das Kambium befindet sich zwischen Holz und Baumrinde.

Kernholz: Es wird von den Gefäßen in der Mitte des Baumstammes gebildet und ist nicht mehr lebendig, gibt aber dem Baum Stärke. Kernholz entsteht, wenn nicht mehr der gesamte der Stamm zum Transport von Wasser zu den Blättern benötigt wird.

Lack: Ein durchsichtiger Anstrich, der zum Schutz der Holzoberfläche dient.

Mark: Der Ring in der Mitte des Baumstammes. Das Mark ist üblicherweise dunkler und weicher als der Rest des Holzes.

Maserung: Der Verlauf der Gefäße im Holz. Unter dem Mikroskop sieht die Maserung wie Strohhalme aus, die das Holz durchziehen.

Oberflächenbehandlung: Die Behandlung des Holzes mit Farbe oder einem anderen Überzug, nachdem die Schnitzarbeit fertig ist. Das Holz kann unter anderem mit Buntstiften, Farbmarkern, Wachs, Farbe und Lack behandelt werden.

Schraubzwinge: Dieses Werkzeug fixiert ein Objekt oder presst Objekte zusammen. Die meisten Schraubzwingen haben verstellbare Klemmbacken, die an die Größe deiner Schnitzarbeit angepasst werden können.

Streichriemen: Eine harte Oberfläche, die mit Abziehpaste überzogen ist und zum Schärfen von Werkzeugen dient.

Weichholz: Holz von Nadelbäumen, das heißt von Bäumen, deren Nadeln das ganze Jahr über nicht abfallen.

Winkel: Ein Werkzeug zum Messen von rechten Winkeln (90°) oder auch von anderen Winkeln, zum Beispiel 45°-Winkeln.

Zugschnitt: Ein Schnitt, der beim Schnitzen häufig verwendet wird. Man hält dabei das Messer wie beim Schälen eines Apfels.

Aus unserem Programm

Bernard Bertrand

Einfach selbst schnitzen!
Löffel, Schalen, Kämme...

Leopold Stocker Verlag

ISBN 978-3-7020-1322-6

Leopold Stocker Verlag
Graz – Stuttgart

Aus unserem Programm

ISBN 978-3-7020-1081-2

Leopold Stocker Verlag

Graz – Stuttgart

Aus unserem Programm

Christian
Zeppetzauer

WERKBUCH

Kreatives
aus Holz

Selbstgefertigt!

Leopold Stocker Verlag

ISBN 978-3-7020-1279-3

Leopold Stocker Verlag
Graz – Stuttgart

Aus unserem Programm

ISBN 978-3-7020-0857-4

Leopold Stocker Verlag

Graz – Stuttgart